Chinese Residential Real Estate:
Macro Policy, Consumption Crowding out and Wealth Distribution

中国住宅房地产

宏观政策、消费挤出及财富分配

霍钊 ◎ 著

中国经济出版社
CHINA ECONOMIC PUBLISHING HOUSE

·北京·

图书在版编目(CIP)数据

中国住宅房地产:宏观政策、消费挤出及财富分配/霍钊著.--北京:中国经济出版社,2022.8
ISBN 978-7-5136-7074-6

Ⅰ.①中… Ⅱ.①霍… Ⅲ.①住宅-房地产业-研究-中国 Ⅳ.①F299.233

中国版本图书馆 CIP 数据核字(2022)第 154735 号

策划编辑　姜　静
责任编辑　王西琨
责任印制　马小宾
封面设计　任燕飞工作室

出版发行　中国经济出版社
印　刷　者　北京力信诚印刷有限公司
经　销　者　各地新华书店
开　　　本　880mm×1230mm　1/32
印　　　张　6
字　　　数　130 千字
版　　　次　2022 年 8 月第 1 版
印　　　次　2022 年 8 月第 1 次
定　　　价　78.00 元

广告经营许可证　京西工商广字第 8179 号

中国经济出版社 网址 www.economyph.com 社址 北京市东城区安定门外大街 58 号 邮编 100011
本版图书如存在印装质量问题,请与本社销售中心联系调换(联系电话:010-57512564)

版权所有　盗版必究(举报电话:010-57512600)
国家版权局反盗版举报中心(举报电话:12390)　　服务热线:010-57512564

前　言

近年来，房地产业已逐步成为我国国民经济的支柱产业。部分城市房价过高、过快增长，房地产市场供求矛盾突出等现象成为政府制定房地产相关政策法规时所关注的主要问题。房地产投资、房地产信贷、交易成本与宏观经济相互关系的研究也越发受到我国学者的重视。然而，研究者也面临着前所未有的挑战：不同于发达资本主义国家，我国在人口结构、城市化水平、金融市场发展、税收政策、土地所有制甚至房地产市场的数据持续可获性等方面都具有特殊性，这就意味着在研究我国房地产市场和宏观经济的关系时，既有的传统研究方法将有很大局限性。如何对我国房地产市场与宏观经济变量之间的互动关系做出科学判断，如何更加规范地进行房地产经济学领域的学术研究，一直是相关领域研究者面临的难题。

本书选择了我国住宅房地产市场上不同年龄、收入能力和财富水平的世代交叠（Over Lapping Generation，OLG）消费者，在房地产和一般消费品两个部门进行生产，且考虑存在资本调整成本和资本折旧、房产税费交易成本、首付率限制等要素，研究了实施控制首付率、增加交易税费等房地产调控政策对房价和宏观经济的影响。本书进一步考察了房地产相关政策对不同人群之间一般消费、房产财富和金融资产财富分配的影响。

本书第三章采用多种实证计量方法研究了房地产投资、房地产价格与一些重要宏观经济变量的关系。其中，特别考察了我国房地产市场的财富作用、房地产市场与股票市场的互动机制、金融信贷政策对房地产市场的影响，并简单估算了近年来我国的房价泡沫走势。以上内容为后文的理论模型提供了数据上的部分支持。

第四章基本模型部分建立了一个两部门一般均衡模型，经济初始条件包括初始的人口代际、金融财富水平和房产财富水平，受到两部门技术冲击的影响，经济变量随之发生变化。其中，两部门生产型企业采用不同的技术使用劳动、土地和一般资本，生产房地产和一般消费品两种产品，销售收入除用于支付劳动工资、资本折旧和调整成本外，全部用于股票分红，目标是最大化股东贴现总收益。企业可以从消费者手中借债以追加投资，新追加投资具有资本调整成本。此外，假设存在风险厌恶的世代交叠的生命周期消费者，具有不同的能力水平、收入和年龄特征，面临着异质性风险和加总的一般风险，可以选择下一期的房地产购买数量、无风险债券购买数量和风险资产投资数量，目标是最大化一般消费和房产财富构成的贴现总效用。

房地产不仅是一种特殊的商品，同时还具有消费和投资两种功能。在考察房地产市场和宏观经济变量的互动关系时，价租比因其能够较好地反映房产的投资收益率，从而体现其投资品性质，是本书经常使用的经济变量指标。随着经济的内生波动，房产交易成本和首付率限制的变化对价租比有较为明显的影响。当房地产交易成本和首付率上升时，价租比会下降。结合中国国家统计局公布的1998—2021年的数据，笔者发现：银行金融信用总规模上升时，价租比同步上升；经济增长形势放缓时，金融信用总规模紧缩，价租比下降。

基于北京大学中国社会科学调查中心的家庭动态跟踪调查(CFPS)数据，以及搜房网-中国指数研究院的近期数据，本书采用参数校准方法考察了以下问题：如果房地产政策降低了首付率要求和税费交易成本，对宏观经济变量和房地产价格的短期波动和长期稳态有何影响？对金融市场和房地产市场的投资回报率会产生怎样的影响？对不同年龄、收入的消费者群体的财富分配，会产生怎样的作用？

最后，第五章对本书的主要结论进行了总结，提供了政策上可以探讨的一些问题，指出研究上的不足和未来可能进一步改进的方向。

这本书的问世，要感谢方方面面的前辈、同志、亲人和朋友。首先，必须要感谢我最敬爱的导师、北京大学光华管理学院的龚六堂教授。笔者从本科毕业在北京大学光华管理学院攻读经济学博士开始，就在龚老师的指导下研究房地产市场与宏观经济变量之间的互动关系。无论是学习工作，还是人生规划，龚老师都不辞劳苦地给予了大量的指导和殷切的关怀。他带领笔者从探索经济学知识，寻找研究兴趣，深入研习经典，到确立研究目标，撰写并最终完成博士论文，这里的每一步，都包含了龚老师无数的心血。房地产经济学的相关文献零散，模型推算复杂，可获数据很少，当我在各种困难面前感到挫败和胆怯时，是他鼓励我不要放弃，继续钻研。没有他高水平的指导和耐心鼓励，本书是不可能完成的。龚老师高尚的人格，渊博的知识，认真钻研的态度，诲人不倦的风范，无论在学术研究还是人生态度上，都是我终身学习的榜样。我还要感谢中国政法大学商学院的领导、前辈和同人，商学院为青年教师提供了良好的研究环境和融洽的人文氛围，使我受益无穷。最后还要感谢我的家人、朋友及中国经济出版社的同志，在他们的支持下，此书才得以问世。

本书的编写受到中央高校基本科研业务费专项资金资助；北京高等教育"本科教学改革创新项目"：法商大数据分析创新型人才培养模式研究（京教函〔2020〕427号）资助；中国政法大学科研创新项目"新时代产业政策创新研究"（20ZFG79003）资助；中国政法大学新兴学科培育与建设计划资助；中国政法大学人文社会科学研究项目、中国政法大学青年教师学术创新团队资助项目的资助。特此鸣谢！

由于时间和能力所限，书中的不当或疏漏之处在所难免，恳请同行和读者批评指正。

霍 钊

2022年8月于军都山

目 录

第一章 总论 ········· 001

一、全球背景与我国现状 ········· 001

二、研究对象、技术路线与研究方法 ········· 006

三、数据来源说明 ········· 008

四、研究意义与结构安排 ········· 010

第二章 国内外文献回顾与综述 ········· 013

一、异质性消费者与世代交叠模型 ········· 013

二、两部门生产模型 ········· 023

三、财富作用 ········· 026

四、房地产部门与国民经济变量的互动机制 ········· 030

五、资产定价、资产组合与风险溢价 ········· 035

六、房地产市场调节政策的经济影响 ········· 041

七、现有文献的不足与本书的创新之处 ········· 048

第三章 我国房地产市场与宏观经济变量的互动关系研究 ········· 050

一、房地产投资与宏观经济波动…………………… 050
二、我国居民的房地产财富作用再评估：基于习惯性
消费的方法…………………………………………… 058
三、股票市场与房地产市场的互动关系：基于股票
月流通值和房地产月销售额的协整性估计…… 079
四、金融信贷政策对房地产价格的影响评估…… 084
五、房价泡沫检测：基于 Youngblood 方法 …… 094
六、我国住宅房地产市场发展与我国房地产调控
政策…………………………………………………… 096

第四章　房地产抵押贷款首付率、交易成本调整政策的经济作用…… 104

一、企业………………………………………………… 104
二、投资回报率………………………………………… 108
三、消费者……………………………………………… 109
四、贴现因子计算……………………………………… 115
五、模型均衡…………………………………………… 116
六、参数校准…………………………………………… 119
七、参数校准结果……………………………………… 124
八、资产回报与资产定价……………………………… 132
九、房地产财富和金融财富分配的差异化………… 140

第五章　结论…… 144

一、基本结论…………………………………………… 144
二、本书的不足和可进一步研究的方向…………… 150

附　录 …………………………………………… 152

　　附录一　两部门冲击的参数设定 …………………… 152

　　附录二　数值解过程 …………………………………… 154

参考文献 ………………………………………………… 162

第一章 总　论

一、全球背景与我国现状

房地产既是国民经济的重要部门，也是消费者财富的主要组成部分。世界银行2000—2021年的统计数据表明：房产占全球消费者财富的30%以上，超过了债券（27.4%）和股票（18.7%）；房地产投资总值占世界各国总产出的2%~8%，占固定资产总投资的10%~30%（这个指标在中国也非常可观，我们将在后面详细论述）。因此，房价波动能够通过影响私人消费和投资，进而影响宏观经济。相应地，重要的宏观经济变量，如消费者实际收入、真实利率水平、信贷约束、政府财政政策和货币政策等都会作用于房价。

我国的情况与国际其他国家类似，无论从流量还是从存量考察上看，房地产都是我国国民经济的核心部门之一。根据北京大学的中国家庭追踪调查（China Family Panel Studies，CFPS）的社会调查数据（2018年），在我国19个大中城市消费者家庭资产构成中，房地产财产占家庭总资产的比重高达70%，房地产已成为家庭财富较重要的组成部分之一，以房地产为核心的资产价格也成为个人消费支出越来越重要的决定因素。2012年以来,房产投资大约占我国国内生产总值(Gross Domestic Product,GDP)的7.9%~11.6%,占总固定资产投资的17.4%~23.7%。我国房地产价格和宏观经济变量联系尤为紧密,2000年以来,伴随着房贷利率折扣和相对宽松的信贷政策、货币政策,我国部分大中城市房价持续过高、过快增长,个别一线城市出现了房地产泡沫。

房地产可能是一般消费者购买的最昂贵的耐用消费品。根据世界银行的数据计算,一套住宅的合理价格为消费者家庭年收入的3~6倍。这意味着如果没有房地产抵押贷款机制,对大多数消费者来说,购买房产会变得相对困难。因此,房地产部门的金融信贷机制显得十分重要。抵押借贷约束在一定程度上影响了房产的消费量、持有年限和产权结构。20世纪80年代以来,由于各国普遍解除了金融管制,资本市场和金融工具兴旺发展,工业化国家普遍进入了显著的房地产繁荣时期。

考虑到住房信贷是个人长期消费性贷款的重要组成部分,一旦房价波动,抵押品价值发生改变,则有可能对金融体系的稳定性和宏观经济运行产生较大影响。2007年美国次贷危机之后,人们开始意识到房地产市场、资本市场与实体经济之间的内在关系的重要性。

我国银行业从1998年开始推出个人购房按揭贷款业务,使得消费者的房产购买能力大大增强。近年来,随着中国房地产市场的迅猛发展,房地产金融信贷规模也快速扩张。1998—

2009年,银行发放的个人购房贷款余额增长超过了103倍。与此同时,房价收入比①在近些年逐渐攀高,部分城市远超国际水平。根据《中国统计年鉴》数据整理,2006年北京市房价收入比约为15.55,2007年攀升至19.59,受全球金融危机影响2008年略有下降,但2009年又上升到23.54。从2004年至2021年,银行发放的个人购房贷款余额增长额超过24倍。与此同时,房价收入比在近些年逐渐攀高,部分城市远超过国际水平。2007年10月和2010年4月,我国两次提高二套房贷款首付比例和上浮利率以对高房价进行调控,银行购房按揭贷款增速有所下降,对房地产市场具有明显的负面作用。受房地产市场政策调整和新冠肺炎疫情影响,2022年上半年,我国100个大中城市的房价收入比为12,较2021年回落5.08个百分点,其中,上海、深圳和北京的数值位居前三,房价收入比均超过29.4。

在后次贷危机和新冠肺炎疫情的背景下,一般消费品拉动经济增长的作用备受重视。由于房地产市场生产链条较长,需要投入钢铁、电力、机械等一般消费品(投资品),雇用一定数量的劳动力,生产的产品具有消费品和投资品的双重属性,是国民财富的重要组成部分。因此,房地产市场可能对多种产品的消费有直接影响,也可能通过影响工资水平、国民财富总

---

① 房价收入比=商品住宅单套价格÷城镇家庭平均可支配年收入=(商品住宅平均销售价格×商品住宅平均单套销售面积)÷(城镇家庭人均可支配收入×城镇家庭户均人口数)

量间接作用于一般消费。不过，一些负面因素也需要考虑：由于房价高企，为购买房产服务，消费者可能会减少一般消费支出，来积累首付，此时房地产市场对一般消费的挤出效应有可能变得显著；较高的资本调整成本和交易成本可能阻碍房地产财富转化为一般消费的过程。Case(2001)对美国各州和其他14个国家进行了实证研究，发现房地产价格的财富作用是显著的，即住宅价格波动与一般消费支出成正相关。Catte(2004)基于世界银行1995—2004年的数据证明，澳、加、日、韩、美、英、西、荷的房地产价格波动对消费支出有显著的财富效应，而法、德两国的数据显示财富作用不显著。中国基于1998—2006年广州、杭州的年度数据的研究结果表明住宅价格和消费支出之间存在一定程度的负相关，房价高涨会抑制、挤出一般消费支出(周建军，2008；刘丽，2008)。

房地产既是一种重要的消费品，向消费者提供居住服务，同时也具有资本投资品的一般属性，可以带来投资收益。与一般投资品一样，房地产的实际价格在一定程度上受到货币政策冲击的影响。20世纪80年代末，日本货币大幅贬值，房价急剧下跌，对金融系统造成了巨大的破坏，日本经济长期陷入紧缩与衰退。英国和爱尔兰的数据表明，房地产实际价格和货币政策之间存在显著作用机制(Andrew，2006)。Lastrapes(2002)基于美国的城市月度数据，估计实际住宅价格和货币供给量的动态冲击反应模型，认为货币供给冲击对住宅价格和房地产市场交易量具有显著的正作用。

对于一般消费者而言，他们通常面临着在住宅房地产投资和一般风险投资之间做出选择的问题。而房地产作为一种投资品，其定价理论多种多样，面对的现实问题和影响因素也十分繁杂，现有理论往往不能合理解释。相比股票定价，并不显得那么具有公信度和确定性。

近年来，房地产业已逐步成为我国国民经济的支柱产业。部分城市房价过高、过快增长，房地产市场供求矛盾突出等现象也成了政府制定房地产相关政策法规时所关注的主要问题。房地产投资、房地产信贷、交易成本与宏观经济相互关系的研究也越发受到我国学者的重视。

家庭住宅房地产总价值占家庭总财产的比重非常高，既是最昂贵的耐用品，也是一种投资品。从单个家庭看来，住宅房地产价格的上升，不仅意味着家庭财富的持续增加，也意味着购买新的房产需要支付更多的首付款和承担更多的交易成本，这将进一步带来一系列家庭投资组合、消费决策的变化，并可能导致房价波动、房地产投资波动、家庭消费和财富分配的差异化。

近年来，我国政府多次出台房地产调控政策，健全房地产市场，以防止房价过高、过快增长。政府的财政政策，如征收营业税、所得税、土地增值税、印花税、房产税、资本收入税，与为购买房产所付出的其他成本一样，属于购房成本的一部分，可以算作广义的交易成本。财政政策通过调整购房交易成本，影响家庭的房地产购买决策，并进一步影响房价。政府的货币政策和银行信贷政策，如货币供给、首付率限制、住房抵押贷款利率及利率优惠等，会影响消费者的购买能力和房屋购买金融成本，从而调整住宅房地产需求结构，鼓励首套房和年轻低收入人群购买，限制多套房购买和投资投机需求。

二、研究对象、技术路线与研究方法

本书首先简单陈述了我国住宅房地产的现状，探讨了我国住宅房地产市场与宏观经济变量的互动关系，尤其是房地产投资、金融信贷政策和股票市场投资的关系。在此基础上，本书着重考察了交易费用、首付率对房地产市场和宏观经济的影响。

本书选择了我国住宅房地产市场上不同年龄、能力和财富水平的世代交叠消费者，在房地产部门和一般消费品部门两部门生产，且存在资本调整成本和资本折旧、房产交易成本和土地交易成本、金融信贷限制等宏观经济前提条件下，研究了房地产交易成本、房地产金融限制对房价、消费者一般消费、房产财富和金融资产财富分配的影响。

本书在第三章基本模型部分建立了一个两部门一般均衡模型，经济初始条件包括初始的人口代际、金融财富水平和房产财富水平。受两部门技术冲击的影响，随之发生变化。其中，企业使用劳动、土地和一般资本，生产房地产和一般消费品两种产品，销售收入除用于支付劳动工资、追加投资、资本折旧和调整成本外，全部用于股票分红，目标是最大化股东贴现总收益。此外,假设存在风险厌恶的世代交叠的生命周期消费者,消费者具有不同的能力水平和处于不同的年龄阶段,面临着异质性风险和加总一般风险,可以选择下一期的房地产购买数量、无风险债券购买数量和风险资产投资比率,目标是最大化一般消费和房产财富构成的效用函数。

考虑到房地产不仅是一种特殊的商品,同时还具有消费和投资两种功能。在考察房地产市场和宏观经济变量的互动关系时,价租比因其能够较好地反映房产的投资收益率,从而体现其投资品性质,是本书经常使用的经济变量指标。随着经济的内生波动,房产交易成本和金融信用宽松度的变化对价租比有较为明显的影响。当房地产交易成本上升,金融信用收紧时,价租比会下降。结合中国国家统计局公布的1998—2021年的数据,本书发现:银行金融信用总规模上升时,价租比同步上升;经济增长形势放缓时,金融信用总规模紧缩,价租比下降。

在以上模型的基础上,本书考察了两部门生产和世代交叠型消费者条件下的世代交叠模型(Over Lapping Generation Model,OLG模型)一般均衡模型,进而使用格兰杰因果关系检验、风险价值(Value at Risk,VaR)、参数校准、脉冲响应等方法考察了以下问题:在加入房地产金融信贷管制和交易成本后,GDP波动水平、一般消费波动水平、总投资波动水平和房地产投资波动水平的变化趋势如何?降低首付率、降低交易成本的宏观经济效果如何?在不同的年龄阶段和收入阶层,降低首付率、降低交易成本是否意味着更高的房地产资产的购买需求，资产组合的改变是怎样的？降低首付率、降低交易成本是否会加大房地产泡沫？反之是否能有效调控房地产泡沫？价租比变动与房价变动、土地交易价格变动的关系及其价租比的预警作用？降低首付率、降低交易成本是否会导致消费差异化？是否会导致金融财富和房地产财富分配的差异化？货币供给政策冲击对新房和二手房市场的房价、交易量的短期作用是怎样的？

三、数据来源说明

本书的实证部分主要采用的数据来源和使用情况如下。

本书采用的宏观数据主要包括：中国国家统计局网站公布的数据（www.stats.gov.cn）、中国人民银行网站公布的数据（www.pbc.gov.cn）、国研网统计数据库公布的数据（www.drcnet.com.cn）、北京市统计局公布的数据（www.bjstats.gov.cn）、银保监会和四大国有银行公布的数据（www.cbrc.gov.cn）、万得资讯金融数据库。

本书采用的中观数据和微观数据主要包括：北京大学中国社会科学调查中心的CFPS数据（2008—2018年）和搜房网-中国指数研究院宏观版、城市版数据库（industry.soufun.com）（1998—2021年）的数据。北京大学中国社会科学调查中心CFPS采用了2008—2018年的包括北京18个区县、上海19个区县、天津17个区县、广州12个区县、大连8个区县2407

户家庭调查的微观数据。而中国指数研究院城市数据库(2017年)采用了北京、上海、广州三个城市973个居住社区17495个有效居民户(有效数据,删除了非连续性的一些家庭居民户数据)的微观数据。

中国国家统计局、中国人民银行和国研网统计数据库的统计数据中,主要使用了年度GDP、季度GDP、月度GDP、人均GDP、收入、人口、消费、总投资、固定资产投资、房地产投资、一年期存款利率、短期国债利率、通货膨胀率、货币供给(M2)、70个大中城市的房价指数、35个大中城市的房价、租金等相关数据。

北京市统计局的数据主要采用了北京市人均居住面积、人口、地区总产值、人均收入。

中国指数研究院的城市版的数据主要使用了季度、月度的新房、二手房交易量、交易价格、土地交易价格、房租价格,此外,还使用了北京市商业银行的抵押贷款余额和新增额数据。

银保监会和四大国有银行公布的数据主要采用了年度、季度发行在外抵押贷款余额、新增抵押贷款余额、消费性信贷余额、消费性信贷变动比例(计算得到)。

万得资讯金融数据库主要采用了全国股票总市值、股票价格指数、股票收益率的相关数据。

北京大学中国社会科学调查中心的CFPS,主要用于考察不同年龄、不同收入的消费者的消费、房地产财富和金融资产的财富(投资)。

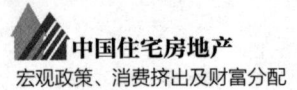

四、研究意义与结构安排

（一）研究意义

本书具有理论意义和现实意义。一方面，本书采用了OLG模型，考察异质性家庭面临消费、房产财富积累和一般投资选择时做出的决策。这一模型更接近中国的现实。前面的背景分析已经介绍过，中国家庭财富水平、消费水平和收入水平的内部差异比较大，而房地产财富在我国居民总财富中占有重要位置。住宅房地产具有投资和消费的双重用途，一旦居民户在一般投资品和房地产之间做出不同的选择，很可能会影响居民的投资收益和最终财富水平的变化。因此，从居民投资选择的角度入手，考察在存在交易成本、投资信贷约束的情况下政府的干预，比如，营业税、增值税、印花税、住房抵押信贷首付率和利率政策，都会对家庭的财富水平、消费水平产生一定的影响。因此，本书的研究结果可以为我国政府房地产市场政策的制定和实施提供一些参考依据和理论支持。

另一方面，我国住宅房地产市场近年来发生了很多新的变化：房价快速增长，部分城市房价过高、过快增长，甚至出现泡沫；中央政府和地方政府发布了一系列的政策和相关法规，以调整住宅房地产市场，如改变交易成本、金融信贷条件，增加土地供给等。宏观经济变量和政策因素都会作用于微观层面，对居民消费者和企业产生一系列的影响。消费者和企业据此调整各自的行为和选择，反作用于宏观经济变量。在交易成本上升、信贷条件紧缩的情况下,消费者会减少房地产投资、投机性购买,需求减少,对房价产生负面作用。因此,从房地产交易成本、金融信贷条件的角度来考察宏观政策对房地产市场的调整效果,具有很强的现实意义。

总的来说,本书的研究意义如下:本书系统地考察了宏观经济变量与我国住宅房地产市场相关参数的互动关系,对总产出、收入、消费、投资、货币、信贷规模、消费者物价指数(Consumer Price Index,CPI)、上证综指等宏观经济变量与房地产价格、投资、交易量、房地产消费信贷总量的因果关系进行了梳理。在此基础上,本书建立了OLG一般均衡的生命周期模型,假设消费者关注消费和房地产财富,考虑房地产和一般资产投资选择在交易成本、首付率的影响下,带来的不同财富水平、消费水平的福利变化。本书丰富了关于住宅房地产市场、房价、房地产投资与宏观经济政策这一领域的理论和实证研究,提供了一个较为符合中国现实的OLG生命周期模型的框架,用以研究政策改变对异质性家庭的不同福利影响结果,更详细和有区分度地考察了政策带来的福利变化,尤其是对不同收入阶层、年龄段的群体的影响。因此,本书为我国在一般消费和投资、住房消费和投资的相关政策制定方面提供了较为详细的参考依据。

(二)结构安排

本书的剩余部分分为四章:

第二章文献综述回顾了现有的国内外相关基本理论与研究

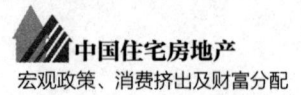

成果，对相关研究进行了简单的梳理。

第三章主要采用了格兰杰因果关系检验、VaR、一般回归等方法，利用多种数据，简单概述了我国房地产投资、房地产价格与宏观经济变量的互动关系，包括房地产投资与宏观经济变动的关系，我国居民的房地产、股票的财富作用，房地产市场与股票市场的互动关系，金融信贷政策对房地产市场的约束机制和房价泡沫的检验。

第四章建立了一个世代交叠的一般均衡模型，用来研究房地产市场的运行机制，并采用参数校准的方法，对房地产市场政策，尤其是抵押信贷首付率、房地产交易成本对房地产价租比的影响进行了探讨。针对不同收入水平、年龄层的消费者，改变住宅房地产交易成本和住宅首付率的房地产政策，可能产生不同的政策效果，消费者的投资组合策略和消费水平改变，从而对GDP波动、总投资和消费者福利水平产生影响。

第五章对本书主要结论进行了总结，提供了政策上可以探讨的一些问题，指出研究上的不足和未来可能进一步改进的方向。

最后是附录和参考文献。

第二章　国内外文献回顾与综述

一、异质性消费者与世代交叠模型

代表性消费者假设是大多数动态一般均衡模型的起点。在这种假设之下，整个经济仿佛只存在一个消费者。但是代表性消费者假设与现代宏观理论模型具有内在矛盾，因为现代高级宏观的模型要求能够符合微观事实，由微观消费者的累加而来，可以通过微观数据进行定量分析和实证检验；而代表性消费者模型显然不具有微观基础，微观的消费者通常是具有异质性的。普遍认为，只有在符合以下两个条件的情况下，才能够使用代表性消费者假设：一是代表性消费者假设可以通过微观数据得到证实——这在多数情况下是不可能的，因为实际的微观市场存在异质性风险，现实市场无法针对异质性风险提供完全保险；二是加总的经济变量变化率与代表性消费者框架下的变化率保持一致，具有类似性质——这也比较难以实现。而异质性消费者假设更加符合微观实际，在考察财富、消费、收入差异化问题的时候，往往要研究不同的消费者的不同结果。因此，异质性消费者取代了代表性消费者，构成了新的宏观动态一般均衡的消费模型。

所谓异质性消费者，是指在偏好、禀赋、行为方式等方面存在不同的消费者。Campbell(2000)将消费者的异质性分为四类：异质偏好、异质约束、异质收入和异质信念。本书考察的主要是收入(能力)异质性问题，即消费者面临非可保险的异质随机收入冲击。

这方面比较著名的开创性文献有两篇，其作者为：Huggett(1993)和 Aiyagari(1994)。

Huggett(1993)的模型假设消费者禀赋不同，即面临异质性风险不能完全保险的禀赋冲击，投资无风险资产，在一生中平滑消费。Huggett 认为，由于存在借贷约束，实际无风险利率低于代表性消费者假设的经济中的无风险利率。

Aiyagari(1994)增长模型引入预防性储蓄和流动性约束，考察了二者在经济中对储蓄率的影响，并进一步讨论了财富和收入分布差异化的问题。研究结果发现，异质性冲击对经济总体储蓄率的影响比较有限。异质性冲击引入之后，储蓄率提高不到3%。但是，相比代表性消费者假设的模型，金融自由度对消费者是否能够平滑终身消费至关重要。计量分析结果表明：在此假设下，财富分布的差异化非常明显，要远远超过收入差异化——这一结论在本书中也有所体现。

用生命周期模型研究消费者的一般消费、住房消费与投资、一般投资行为，是近年来较为常见的一种方法，Fernandez-Villaverde 和 Krueger(2002)提出，即使控制了家庭特征，耐用品和非耐用品的消费在生命周期中都呈现驼峰形。他们发现，在生命周期模型中引入借贷约束可以解释耐用品和非耐用品的消费在生命周期中都呈现驼峰形这一现象。

Heathcote(2002)通过在标准模型中引入家庭生产来解释退休后消费的下降。Brugiavini 和 Weber(1992)，Chah 等(1995)，Alessie 等(1997)，Jappelli 等(1990)，Attanasio 等(2000)则实证研究了在存在抵押品贷款的情况下，借贷约束会扭曲家庭耐用品和非耐用品消费的跨期消费。

已有很多微观实证证据表明，住房是家庭抵押的主要资产之一，如 Campbell 和 Cocco(2007)，Hurst 和 Stafford(2004)。住房是家庭财富的主要组成部分，由于住房价格随着时间的变化有很大的变化，因此理解住房价格的变化如何影响家庭的消费行为就非常重要。当住房价格上升时，家庭的财富增加，借贷约束被放松，因此可能刺激家庭消费。Campbell 和 Cocco(2007)利用英国的微观数据检验了住房价格对家庭消费的影响。他们发现，不同家庭的财富作用是异质性的。特别是对于年老的购房者，财富作用最明显，而对于年轻的租房者，财富作用几乎为0。

Hurst 和 Stafford(2004)使用美国收入动态面板调查(Panel Study of Income Dynamics，PSID)数据发现，当抵押利率在1991—1994年快速减小时，受到流动性约束的家庭将大量地进行再融资行为，而不受到流动性约束的家庭则不出现大量的再融资行为。

在这一微观证据基础之上，有很多文章通过构建模型来刻画住房价格、住房资产与消费之间的关系。

这些模型分为代表性消费者模型，如 Aoki、Proudman 和 Vlieghe(2004)，Davis 和 Heathcote(2005)等；以及异质性消费者模型，如 Chambers、Garriga 和 Schlagenhauf(2009)，Iacoviello 等(2005)。

Aoki 等(2004)将 Bernanke、Gertler 和 Gilchrist 的金融加速器机制应用到家庭部门。在他们的模型中，住房有两方面作用，一是为消费者提供住房服务，二是用来作为抵押品以降低家庭借贷时的代理成本。这一金融加速器机制在某些条件下会放大货币政策冲击对住房投资、住房价格和消费的影响。研究还发现，当降低信贷市场上住房抵押贷款的交易成本后，货币政策对消费的影响会增加，但是对住房价格和住房投资的影响将会降低。Davis 和 Heathcote(2005)构建了一个多部门增长模型，各部门使用不同份额的建筑材料、制造品和服务来生产消费品、商用房地产和住宅。模型较好地拟合了住宅投资的标准差是非住宅投资标准差的两倍这一事实，以及 GDP、消费和住宅投资与非住宅投资正向联动的事实。由于建筑部门的生产率波动较大且属于劳动密集型产业，而住房投资是建筑密集的，因此住房投资的波动也较大。Kahn(2007)在非住房生产部门引入了生产率增长的马尔科夫状态转移，用来解释住房价格趋势的低波动性。

Piazessi 等(2007)将住房嵌入基于消费的资产定价模型，

其中住房既是一种资产，也是一种消费品。模型使用不可分的偏好来刻画家庭对组合风险的关心，组合风险即住房在消费篮子中的相对份额的波动。由于住房占总消费份额的变化缓慢，因此对组合风险的考虑引起了股票价格的低波动。另外，模型还表明住房所占消费份额可以用来预测股票的超额回报，并得到了实际数据的支持。

Fang Yang(2006)构建了一个生命周期模型，其中区分了一般商品消费和住房消费。在这个框架下，借贷约束解释了家庭在生命早期积累住房资产。交易成本则对解释在生命后期住房资产下降缓慢起到关键作用。模型最终模拟出了与实际数据更加吻合的一般商品消费和住房消费的生命周期趋势，即一般商品消费呈现驼峰形，而住房消费先是单调上升而后基本保持不变。

此外，还有一些文献在异质性消费者的框架下研究住房价格、住房资产与消费之间的关系。

Chambers 等(2009)用人口因素和住房抵押市场上首付比例降低来解释从1994年到2005年美国住房自有率显著上升这一现象。研究发现，从长期来看，放松抵押品约束条件对解释住房自有率上升起到重要作用，并且，从分布的角度来看，抵押市场创新对于年轻家庭住房自有率的上升有更大的解释力度，而人口因素则更多地解释了年老家庭的住房自有率变化。

Fernandez-Villaverde 和 Krueger(2007)利用消费者支出调

查数据，在控制了人口因素、代际因素和时间因素的基础上，使用半参数估计方法估计了消费的生命周期路径。

Iacoviello（2005）建立了有两个代理人的动态一般均衡模型，其中家庭借贷的能力和消费水平与其住房的抵押价值相关，这样住房价格就进入了消费的欧拉方程。文章发现住房价格的波动是消费波动的重要驱动因素之一。Iacoviello 和 Neri（2007）在 Iacoviello（2005）的基础上进行扩展，建立了一个两部门模型，对住房市场在经济波动中的作用和机制进行了量化分析。研究发现，住宅投资和住房价格的变化在很大程度上可以由住房部门技术进步缓慢解释，而住房边际收益的改变是住房价格波动的主要原因。因此，本书认为相对于经济来说，住房价格的波动是外生的，从而可以研究住房价格对消费、投资的影响，以及对货币政策的含义。文章还发现，住房价格的波动对总体需求有着不可忽略的影响。Iacoviello 和 Neri（2010）则基于美国数据用贝叶斯估计方法估计了住房市场对经济波动的影响，发现住房投资和住房价格对货币政策和住房需求冲击非常敏感，住房资产对消费有显著正向的财富作用，并且这一效应越来越重要。

Lustig 和 Van Nieuwerburgh（2005）认为住房资产在总资产中所占比例的上升，放松了家庭的抵押品约束，从而允许更多的风险分担，并且降低了家庭对持有股票的回报率要求。这一抵押借贷机制可以解释美国市场股票和无风险债券回报的时间变化趋势，以及股票回报的横向变化。

Nakajima(2005)研究了从20世纪60年代末期到20世纪90年代中期美国收入差异化上升对资产配置和资产价格的影响。通过将住房资产直接模型化到生命周期一般均衡模型中，文章发现预防性储蓄需求的增加显著增加了均衡时的资产价格，收入差异化的上升能解释很大部分的住房价格上涨现象，但是收入差异化并不能很好地解释消费差异化，说明住房资产对消费差异化的影响有限。

Ortalo等(2006)的生命周期模型中，家庭在收入和偏好上都有异质性，抵押贷款受到首付约束。文章指出，年轻人的收入波动对住房市场的波动有较大影响，借贷约束不仅会放大收入冲击，而且会影响家庭购买住房的时间，从而可能引起住房价格和住房交易的同向运动。Lustig和Nieuwerburgh(2010)通过一个模型研究了房价、风险分担与消费之间的动态变化，发现受抵押效应影响，即使没有财富作用，房价与消费也有正向联动性。

陈斌开和杨汝岱(2013)基于国家统计局城镇住户调查(UHS)2002—2007年的家户数据，研究了土地供给、住房价格和居民储蓄的关系。研究表明，住房价格上涨使居民不得不"为买房而储蓄"，从而提高居民储蓄率：住房价格上升1个百分点，城镇居民储蓄率将上升0.067个百分点，这解释了2002—2007年我国城镇居民储蓄率上升的45%。进一步研究发现，住房价格上涨主要影响收入水平较低、没有住房或住房面积较小的家庭；同时，住房价格对年轻人和老年人的影响较大。以土地供给作为住房价格的工具变量有效缓解了内生性问题，2SLS 回归结果表明，土地供给越少，住房价格水平越高，居民储蓄率越高。本文的结论对于降低地方政府"土地财政"依赖程度、建立扩大消费需求的长效机制等相关政策的讨论具有一定的现实意义。

李超等（2015）根据人口结构变化来研究房地产市场走向，利用面板数据和地理加权回归模型对中国城市住房需求的影响因素、时空效应以及未来的总体走势进行了综合考察。研究结论认为，城市的常住人口和流动人口数量、居民的收入分配、人力资本状况以及人口抚养比对中国城市的住房需求具有深远的影响。从各解释变量回归参数的时空变化中可以看出，人口结构因素的影响程度在时间和空间上均得到了明显强化。分区域的实证研究进一步揭示出了中国城市住房需求的人口结构矛盾在经济发展水平相对较高的城市和区域更加突出，并且呈现明显的空间失配现象。2015—2030 年中国城市住房需求的总体走势将会呈现"上升—平稳—下降"的倒 U 形特征。2025 年以后，中国城市的住房需求将不再具备快速增加的条件。因此，未来中国住房制度的综合配套改革目标，一方面，要着眼于抑制当前及今后十年内投资和投机性需求所带来的房价过快上涨；另一方面，要对 2025 年后可能出现的人口结构"蘑菇云"风险有所预警。

李雪松和黄彦彦（2015）使用中国家庭金融调查（CHFS）数据，基于内生转换回归模型，校正了样本选择偏差，实证研究了房价上涨对家庭多套房决策和城镇居民储蓄率的影响，估计了一套房和多套房家庭的反事实储蓄率以及多套房决策对储蓄率影响的平均处理效应。实证结果表明：房价上涨对多套房决策具有显著的正向影响，具有较高收入、家庭人口较多、有过拆迁经历、首套房面积较小的家庭更倾向于多套房决策；在房地产市场上行阶段，房价上涨成为推高储蓄率的重要因素之一，房价持续上涨时，人们为购房而储蓄，为偿还住房借贷而储蓄，推高了储蓄率。多套房决策对城镇居民储蓄率有显著的正向影响。对于每一个随机的城镇居民家庭，多套房决策对家庭储蓄率影响的平均处理效应为9.9%。

张平和侯一麟（2016）以纳税能力理论为基础，构建衡量房地产税缴纳能力的指标；用"中国家庭金融调查"数据，测算不同地区家庭的房地产税缴纳能力、可行的地区间差异化有效税率及几种减免方案下税负在不同收入家庭间的分布，继而模拟把该税收入用于基本公共服务的再分配效应。结果表明：不同区域和家庭的房地产税支付能力差异悬殊，突出了房地产税的地方税特征。税负分布和再分配效应测算显示，该税调节财富差距的效应明显。在诸方案下，高收入家庭均承担总税负一半以上。"人均价值减免"在纵向公平、调节分配及税政实施三个维度均优于"首套减免"和"人均面积减免"。

王频和侯成琪（2017）通过在一个包含耐心家庭和缺乏耐心家庭的两类家庭、包含消费品部门和房地产部门的DSGE模型中引入住房交易成本和住房价格加成的预期冲击，研究预期对住房价格和宏观经济的影响。研究发现：(1)住房交易成本和住房价格加成的预期冲击，不仅具有理论上的合理性，而且具有经验上的识别性和重要性。(2)虽然当期住房价格上涨会增加住房使用者成本，但是如果预期未来住房价格会大幅上涨，家庭的住房使用者成本也会下降，从而出现越涨越买的现象。(3)如果政府因为房价上涨过快而实施增加住房交易成本等房地产业的紧缩政策，但是公众预期未来政府会因为宏观经济下行转而采取房地产业的扩张政策，则这种预期会使当前的紧缩政策失效。(4)如果政府能够引导公众形成正确的预期，则能够改善房地产业调控政策的经济效果；而公众的错误预期会增加经济的波动，因为必须进行反向修正来抵消错误预期对经济的影响。

刘修岩和李松林(2017)建立了一个考虑异质性个体迁移决策和房价内生性的城市体系模型，将影响城市规模分布的因素分解为效率、舒适度、迁移摩擦和房价四个方面：较高的效率和舒适度会促使城市规模增加，但相伴而生的高房价和迁移摩擦集聚等负外部性会抑制大城市规模的进一步扩张。进而基于结构式估计方法对中国城市的效率、迁移摩擦、房价和舒适度等特征进行了量化，并通过一系列反事实实验模拟了这些因素的变化对中国城市规模分布的影响。研究发现，效率、迁移摩擦和舒适度在中国城市规模分布的决定中发挥着重要的作用；消除城市间的房价差异几乎不影响人口的再配置，而消除迁移摩擦则会导致大规模的人口重新配置和带来显著的福利增进效应,这意味着迁移摩擦的存在是造成中国城市体系扁平化的关键原因。因此,全面推进户籍制度改革,有序放开城市的落户限制,进一步降低人口迁移中的空间摩擦,才能有效发挥市场的内生化力量,促进城市体系空间布局的优化。

二、两部门生产模型

房地产是一种特殊的产品,可以满足消费和投资两种需求,因此具有消费品与投资品的双重属性。

目前常见的含有房地产的一般均衡模型经常采用两部门生产(房地产部门和一般消费品生产部门)、不完全市场,面临加总风险与金融约束。

采用单部门生产模型的相关文献主要有：Storesletten 等(2007); Gomes 和 Michaelides (2008); Favilukis (2008); 等等。

采用不完全市场设定的相关文献(只研究交换经济没有研究产品分类,只研究风险和无风险资产选择没有考虑投资组合,只研究部分均衡)主要有：Rios – Rull 和 Sanches – marcos (2006); Lustig 和 Van Nieuwerburgh (2007); Piazzesi 和 Schneider (2008); Peterson (2006); Ortalo – Magne (2006); Corbae 和 Quintin(2009); 等等。

不考虑加总风险的相关文献有：Fernandes – villaverde, Krueger(2005); kiyotaki(2008); Pavan(2009); 等等。

而在完全市场的假设下,采用多部门生产、生命周期的一般均衡模型的文献包括：Davis 和 Heathcote（2005，2008）；Kahn（2008）；Piazzesi，Tuzel（2007）；等等。

讨论企业面临金融约束的问题的文章有：Green 和 Wachter（2008）；Piskorski 和 Tchistyi（2008）；Strongin 等，Hindian 和 Lawson（2009）；等等。他们普遍认为，政府监管不足，商业银行、投行和保险公司滥用金融工具，盲目扩张信用会导致金融自由度的扩大和房地产市场泡沫。

此外，Davis 和 Heathcote（2005）使用了多部门模型，区分了生产和服务；令生产用于消费、一般投资和住宅建设；假设住宅建设使用土地。

Edge 等（2005）区分了两种生产，长期技术增长率不同。区分居民支出，包括一般消费、居住服务消费、两种投资。

Bouakez 等（2005）采用两部门生产，假设价格黏性不同，资本调整成本和生产技术不同，两部门的产出分别是另外一个部门的投资投入。

Gervais（2002），Peterson（2004），Diaz，L-Prado（2005）假设房地产产品不可流动，可作为抵押品，但是没有深入讨论房价问题。

黄志刚和许伟（2017）建立了一个多部门随机动态的一般均衡模型，分析了住房市场波动与宏观经济运行的关系，并重点探讨商品生产部门投资效率下降的背景下，不同宏观经济政策及组合的有效性。结果表明，住房市场杠杆率上升，会放大住房部门波动幅度，影响宏观经济稳定。当扰动来自商品生产部门投资效率变动时,住房市场波动呈逆周期变化,需求管理可稳定产出,但会助长房价或挤出私人投资;结构性的减税降费措施可有效稳定产出,缓解住房市场波动;宏观审慎管理能有效平抑房价,但会加大产出波动。在难以精准识别减税降费力度时,货币政策、宏观审慎和减税降费等结构性措施构成的次优政策组合可以较好地兼顾稳增长、控房价和调结构,并提高社会福利。

张莉等(2017)关注房价是否抑制外来劳动力的流入,论证了房价的拉力作用和阻力作用,一方面是由于房价作为备择城市的城市特征信号降低了预期未来收入的不确定性所带来的拉力;另一方面是房价作为居住成本压缩可支配收入所产生的阻力,两种作用最终对劳动力流动产生先吸引后抑制的倒 U 形影响。使用 2012 年和 2014 年中国劳动力动态调查数据(CLDS)和 2000—2012 年 250 个地级市的房价数据匹配出一个房价如何影响劳动力流动的微观数据库,发现房价对劳动力流动确实存在倒 U 形影响。考虑到内生性问题,控制了房价测量误差、流出地特征、流动动机等因素后结果依然稳健。重点考察了劳动力教育水平、技能水平、家庭阶层、户籍等各种异质性的影响,发现高技能劳动力的倒 U 形拐点更小、对房价更敏感,原因在于其购房需求更强;倒 U 形影响主要作用在大城市,且沿海城市劳动力流动的倒 U 形拐点更大。当前除部分一线城市外,大部分城市的房价表现出对劳动力的拉力作用。

三、财富作用

Case 和 Shiller(2003)用 1975 年以来的年度面板数据估计了发达国家和美国各个州的财富作用,发现房地产具有明显的正的财富作用,在 0.03~0.04,高度显著。而股票市场系数的财富作用不显著,且明显小于房地产财富作用系数。

国际货币基金组织的 Ludwig 和 Slok(2004)采用了 16 个国家的面板数据进行估计,发现股票的财富作用更大,且增长速度大于房产的财富作用增长速度。Girouard(2001)认为不同国家房产财富作用的估计结果可能是不一致的。Dvornak(2003)采用澳大利亚省级水平的数据证明股票财富作用更大。

需要注意的是,宏观水平或者省级水平的数据计算出的结果也许并不可信。这是因为,资产价格的改变是外生波动的,受到一系列因素的影响,这些因素也会对消费产生影响。比如,一些宏观要素,收入、利率等。房价取决于中长期家庭购买力,股价则与公司盈利水平有关,而二者都与宏观经济形势密切相关。比如,Aron(2006)使用英国和南非数据计算财富作用,就是利用信贷市场自由度作为控制变量。

为了区分房产财富作用,可能需要一些微观数据,比如,某处特定房产、社区可能突然通了地铁,或者发生了水污染。Disney(2002)从微观入手,利用英国乡村水平的房价数据,发现在近期的房价上涨的情况下,房产财富作用在 0.09~0.14(这个数字非常惊人)。Campell(2006)采用英国的居民消费和乡村级别房价数据，发现对于老年房产所有者，房价和消费的弹性约为1.7，而对于年轻的租户，财富作用则不显著。

总的来说，英美数据的研究结果，房产财富作用的宏观和微观结果是比较一致的，三年左右中长期房产财富模型预测控制(Model Predictive Control，MPC)在0.04~0.10。

我国对房产财富作用的研究是近年才开始的。比较经典的有沈悦、刘洪玉(2006)直接使用年度城市层面的消费、房价、收入、上证综指等数据估计财富作用约为-0.06。刘丽(2008)以2003—2007年广州地区房地产市场月度数据证明，房地产价格会引发消费下降。周建军(2008)基于1998—2006年的数据对中国房地产财富效应的宏观分析表明，财富作用是负数。韩瑾(2010)采用杭州市季度数据，使用协整性方法证明，房地产的财富作用约为-0.14。

我国考察房地产财富作用文献中，采用微观数据的比较少，包括黄静和屠梅曾(2009)，樊潇彦等(2007)。

黄静和屠梅曾(2009)根据1998—2008年的家庭微观调查数据，对家庭住宅房地产财富与一般消费之间的关系进行了探讨。文章认为，房地产财富对居民消费有显著的促进作用；但是区别于西方国家，近年来我国的房价上涨，并没有增加住宅房地产的财富作用，而是削弱了。以住房来源区分，个人购买并拥有住房的家庭，其财富作用相对较高；而住房来源是单位和国家分配的家庭，其财富作用相对较低。家庭中的户主年龄越低，住宅房地产的财富作用越显著。又区别于西方国家，我国收入越高的家庭，房地产的财富作用越大。

樊潇彦等（2007）则用微观家庭面板数据对我国城乡居民的耐用品消费进行了深入研究。研究发现，20世纪90年代中后期，我国居民收入风险显著上升，抑制了城乡家庭的耐用品消费，这主要是因为国企转制和员工下岗等就业体制方面的重大变革。对我国的城乡居民作对比时发现，农村家庭可能面临更高的收入风险，因此其消费决策对风险因素也更为敏感。

杨耀武等（2013）利用微观家户调查CFPS和HFCS数据，对我国和欧元区国家家庭资产和消费的关系进行了研究。在将家庭资产区分为金融资产、房屋资产和其他实物资产的基础上，重点关注房屋资产对消费的影响。结果显示，我国和欧元区国家家庭资产的不同组成部分对消费发挥着不同的影响，房屋资产的消费弹性大大高于金融资产和其他实物资产。通过分析不同年龄和不同地区的家庭房产财富效应的差异，发现我国和欧元区国家房产消费弹性随年龄变化的趋势恰好相反。我国老年家庭的房产消费弹性低于年轻家庭，而欧元区国家老年家庭的房产消费弹性显著高于年轻家庭。在地区差异方面，我国北京、上海和广东家庭的房产财富效应高于其他省份，欧元区的法国高于西班牙和葡萄牙。

李涛和陈斌开（2014）基于翔实的微观家户数据，区分和比较了家庭生产性固定资产和非生产性住房资产对居民消费的影响，考察了家庭资产对居民消费的"资产效应"和"财富效应"，探讨了不同类型资产对居民消费的异质性影响及其作用机制。研究发现，家庭住房资产主要呈现消费品属性，只存在微弱的"资产效应"，且不存在"财富效应"。这个结论对于拥有大产权房和二套房的家庭同样成立。因此，住房价格上涨无助于提高我国居民消费。相反，家庭生产性固定资产具有明显的"资产效应"和"财富效应"，同时，其"财富效应"主要体现在自我雇佣的家庭中，主要作用机制是降低了家庭预防性储蓄动机并缓解了家庭流动性约束。

周颖刚等（2019）基于2014—2016年中国流动人口动态监测调查数据，考察已经"进入"城市的劳动力家庭是否"住下来"，从个人层面研究房价如何影响劳动力家庭的居住决策，发现高房价会增强劳动力家庭的流动意愿，特别是挤出那些没有购房的、高技能水平的劳动力。尽管公共服务对高房价有负向调节作用，挤出效应在大城市表现得尤为显著。进一步地打算继续流动的劳动力选择流向已购房产所在地的概率更大，而住房的财富效应使劳动力更倾向于流向其他城市，特别是省会级及以上城市。

何兴强和杨锐锋（2019）运用中国家庭金融调查2011年、2013年和2015年数据，计算城市房价收入比，分析房价收入比对家庭消费房产财富效应的影响，并进一步考察房价收入比对拥有两套及以上住房、有房出租、拥有大小产权房和不同收入阶层家庭消费房产财富效应的影响和差异。研究发现：房价收入比高时家庭消费水平也相应较高，但房价收入比高却显著降低了家庭消费的房产财富弹性；拥有两套及以上住房、有房出租家庭消费的房产财富效应受房价收入比高的弱化影响更小，拥有大产权房比小产权房更能抵御房价收入比高对消费房产财富效应的弱化影响，高收入家庭的抵御能力更强。

孙伟增等（2020）使用中国家庭追踪调查（CFPS）数据，从总体效应、分类效应、消费结构和消费不均等视角，探讨住房租金变化对中国家庭消费的影响。实证结果表明，租金变化会对居民消费产生多重效应，不仅局限于租房市场的供需双方。具体来说，第一，租金下降在短期内能够显著促进家庭消费，租金消费弹性的绝对值约为0.12~0.41；进一步测算显示，短期内租金下降10%对国内生产总值的提振效应约为0.2%~0.4%。第二，从影响机制来看，"住房投资效应"占据主导地位，"租金收入效应"和"消费替代效应"分别是影响房东和租客的家庭消费行为的主要机制。第三，租金下降对食品、教育、水电费、通信产品和燃料支出的提升作用更加显著，对家庭耐用品和住房消费没有显著影响。第四，随着家庭消费水平的提高，租金对消费的边际影响效应显著下降。第五，从宏观层面来看，租金变化对家庭消费的影响具有"马太效应"，租金下降有助于减小居民之间的消费不均等。

四、房地产部门与国民经济变量的互动机制

在研究房地产投资、信贷、泡沫与宏观经济互动关系的问题上，国外的代表性文献有：

Green（1997）认为住宅建设投资会带动GDP波动，而非住

宅投资落后于 GDP 波动；Kim(1993，2000，2003)使用韩国数据证明土地价格和 GDP、股票价格存在协整性关系，且长期房价与经济基本面有强相关关系；Case 和 Shiller(2003)用美国宏观数据证明，房价上涨时存在显著的财富作用；Campbell(2007)采用一般均衡模型和微观数据考察了美国房地产的财富作用；Youngblood(2003)使用美国的微观数据测算了房地产泡沫时期的情况；Favilukis(2010)采用一般均衡模型和房地产价租比等变量，考察了美国房地产价格与宏观经济变量之间的关系，并使用参数校准法进行研究；Case(2000)用美国数据证明，房价上涨时存在显著的财富作用，房价是经济繁荣或紧缩过程中的趋势加速器。

Renoud(1993)和 Malpezzi，Wachter(2002)认为，政府对房地产供给和需求的政策规制对房价波动具有较大的影响；Simon 和 Stevenson(2000)使用英国数据证明房地产与通货膨胀存在相关关系，房地产会导致通货膨胀。

Greenwood 和 Hercowitz(1991)，Benhabib 等(1991)，Davis 和 Heathcote(2005)，Fisher(2007)等，只考虑了技术冲击，用以解释经济波动；Davis 和 Heathcote(2005)使用了多部门模型，并且区分了房地产的生产和服务，设定一般性的生产产品用于消费、一般投资和住宅建设，房地产生产部门以土地和一般性生产产品作为投入品，生产房地产，房地产产品提供了居住服务。相比 Greenwood 和 Hercowitz(1991)，Benhabib 等(1991)，Davis 和 Heathcote(2005)，Fisher(2007)，Davis 和 Heathcote

(2005)等的文献,为了考察货币和实际因素对房地产市场动态的影响,本书考虑的冲击种类也更多,具体参见附录。

　　Edge 等(2005)也区分了两个生产部门,生产房地产和一般产品,且规定两个部门的长期技术增长率不同。与此同时,不仅区分了居民的支出,包括居民一般消费性支出、居住服务性消费支出,还区分了居民投资,包括一般消费性产品生产投资、房地产投资;Bouakez 等(2005)同样考虑了两部门生产模型,假设两部门产品的价格黏性不同,资本调整成本不同,生产技术也不同。又假定两部门各自的产出,分别是另外一个部门的投资品投入,即一般消费品的生产需要投入房地产,房地产的生产需要投入一般消费品。

　　与发达国家相比,我国的房地产市场还很不成熟,国内对于考虑了我国某些特殊经济背景下的住房价格、住房资产与住房消费的理论研究很少,对这个方面的实证研究也大多使用全国总体宏观数据,通过时间序列计量方法进行计量分析。由于我国的房地产市场化改革时间还很短,且统计数据的时间序列也较短,因此用宏观数据来检验房地产价格、房地产财富与消费的关系所得到的结果存在偏差。我国房地产市场化发展历史相对较短,目前存在一些不同于其他国家的特殊问题。近年来,房地产业已逐步成为我国国民经济的支柱产业,部分城市房价过高、过快上涨,房地产市场供求矛盾突出,泡沫初显。房地产和宏观经济相互关系的研究也越发受到我国学者的重视。

唐志军等(2010)使用协整性检验和VaR分析方法证明,房价波动对消费波动有显著负影响,房地产投资对GDP增长率有显著正影响,房价与通货膨胀同向变动;沈悦和刘洪玉(2004)采用计量模型分析了房地产业与宏观经济基本因素的作用关系;朱爱勇(2009)采用异质性面板协整性检验,证明了我国房地产投资和GDP有双向格兰杰因果关系;张红(2005)采用宏观数据对房地产开发投资和GDP、货币供给(M2)的互动关系进行研究,主要方法是协整性检验和格兰杰因果关系检验,结果认为GDP对房地产开发投资有显著的单向因果关系,M2对房地产开发投资的促进作用表现得比较明显。

王松涛和刘洪玉(2009)采用计量模型分析了以住房市场为载体的货币政策传导机制,探讨了货币政策对房地产市场的作用渠道;段忠东(2007)使用中国数据探讨了房地产价格与通货膨胀、产出的相关关系;况伟大(2009)认为通过利率等金融信贷政策调节房价的效果要优于税收等其他政策。

强林飞等(2010)通过协整性检验和格兰杰检验证明我国银行信贷、房地产价格和宏观经济之间存在互动关系。

吕江林(2010)认为我国房价收入比合理上限为4.38~6.78倍,我国城市住房市场总体存在泡沫。

原鹏飞和冯蕾(2014)基于动态视角,构建DCGE模型并引入存量住房资产,对房价上涨的经济增长效应、收入分配效应和贫富分化效应进行了系统模拟。结果表明,房价上涨刺激下的房地产膨胀虽然能够显著提高经济增长率,并带动建筑业、重工业等行业快速增长,但会挤占农业、轻工业和公共服务业的发展空间;房价上涨将推动政府、企业和居民三部门的收入增长,但不改变部门收入分配向政府倾斜的现状;房价上涨会加剧城镇居民家庭之间的收入分化,房产溢价的利益固化已成为近年来贫富差距恶化的主要原因。

梅冬州等(2018)基于中国土地制度的特点,以及地方政府依赖土地财政的事实,构建了一个包含金融加速器效应的多部门 DSGE 模型,模型包括房地产和非房地产部门,同时嵌入了地方政府的土地出让行为和支出结构,以分析房价影响 GDP 的作用渠道和机制。研究发现,外部冲击带来的房价变动,导致了房地产部门投资和土地价格的波动,而土地价格的波动对地方政府财政收入产生了较大的影响。考虑到中国地方政府在基础设施上的支出偏向,地方财政收入的变化又会对投资和资产价格产生冲击,在金融加速器效应的作用下,这一冲击进一步放大,最终导致了总投资和 GDP 的剧烈波动。研究表明,地方政府的土地出让行为联结了房价变动与地方政府的收入,而地方政府在基础设施投资上的偏向和金融加速器效应放大了房价对投资和整个经济的影响,三者共同作用使房地产部门成为中国经济波动的重要来源。

以上国内文献从多个方面考察了我国房地产市场和相关政策的经济效果,但是受到数据和方法的限制,亦各有未尽之处。

五、资产定价、资产组合与风险溢价

Silos(2007)考虑了住房资产和股票资产的资产组合，在这个框架下研究财富分布，以及它们与宏观经济冲击的关系。文章建立了一个经济周期模型，其中消费者的年龄、收入和财富是异质的，并且从住房服务中获得效用。模型与实际数据中的住房总财富之比相符合，模型也得到了数据中的富人资产组合中住房资产所占比例更小的结论。另外，在经济衰退期，住房占总财富之比更大。

Kiyotaki(1997)发表了对抵押信贷约束进行研究的重要经典文献。通过引入含有房地产抵押信贷约束的均衡模型，假设消费者必须通过住房抵押才能获得住房贷款，证明了这一机制会加剧经济波动。一个简单的过程是：经济衰退时，资产回报率下降，资产价格下降，抵押品价值下降，信贷紧缩，经济进一步衰退。过去真实经济周期（Real Business Cycle，RBC）模型研究一般认为经济的波动来源于较大的外在冲击，而Kiyotaki证明了如果信贷市场不完备，较小的冲击也可能导致经济波动。

Iacoviello(2005，2010)在Kiyotaki(1997)的基础上，建立了一个标准的新凯恩斯模型，用以研究货币政策、财富作用以及信贷约束对房地产市场和宏观经济的影响。

与本书联系最紧密的是JackFavilukis等(2010)的文章。为了研究有限风险分担条件下的房产财富、房产金融体系对宏观经济的作用，文章建立了一个带有两部门生产的一般均衡生命周期模型。其中劳动、资本和土地用来生产房地产，一部分房地产用于生产一般商品，另一部分房地产用于生产居住住房。研究表明，外生生产率冲击或者世界利率的冲击将导致住房价格的波动，并使财富在住房购买者和住房卖出者之间再分配。

过去在一般均衡模型中考察房屋资产定价作用的先例比较少。类似的文献包括：

Flavin(2001)关注消费者的投资组合选择问题。消费者可以选择投资金融资产和房地产，具有两类调整成本，效用不可分。

Yamashita(2002)和Cocco(2000)考察的主要是外生回报的资产投资组合。

Heathcote和Morris(2001)采用一般均衡模型，考察含有房地产的宏观经济周期和RBC模型。

Ortalo-Magne和Rady(1999)采用OLG模型，考察了房地产价格和存量对宏观经济的影响。

以上文献均没有考虑金融资产的定价问题。

Dun和Singleton(1986)，Eichenbaum和Hansen(1990)以及Heaton(1993，1995)关注的主要是耐用品的资产定价。区分耐用品和非耐用品对资产定价没什么影响。模型对耐用品服务建模，没有区分房产和其他耐用品。但是，房产是重要的耐用品，包含了建筑和土地，土地永远提供服务，如果资产定价中使用期限是有意义的，则区分房产与其他耐用品是有意义的。

Eichenbaum 等（1988），Jagannathan 和 Wang Zhenyu（1996），Santos 和 Veronesi（2001）的模型区分了消费和休闲。后者的文章预测了消费对劳动收入的比率，从而预测了股票回报。由于定价核心都是标准模型，因此，结论也不包含结构性风险。他们的风险主要采用总消费和分红的相关关系进行定义。

Campbell 和 Cochrane(1999)的模型可谓是最成功的代表性消费者资产定价模型。模型假定消费者消费单一商品，希望"catch up with the Joneses"（攀比）定价核心包括持续、异方差、状态变量、超消费率(consumption-surplus ratio)。但是，核心区别是一般消费 α 是可观测的，超消费率不可观测，是总消费的参数方程决定的。他们的定价核心很有争议，对宏观数据依赖性太强。在参数校准过程中，本书使用了更加温和中庸的风险厌恶的相关系数。

Fama-French 的三因素模型的优势，以及消费资本资产定价模型（Consumption - based Capital Assert Pricing Model, CCAPM)的问题在于：股票回报横截面定价的时候，更多地关注宏观经济因素，而不是消费增长率。以下这些文章虽使用了FF 回归，但存在一些有争议的经济回归数据。

Wang(1996)股指的回报率未能体现财富回报，因为没有反映人力资本。使用劳动收入作为额外的因子。

Lettau 和 Ludvigson(2001a，b)认为 CCAPM 可以改进，方

法是采用一些有条件限制的信息作为变量。例如，对于代表性消费者的预算约束，采用消费-财富比率（cay）作为尺度变量（scaling variable）额外因子，在横截面水平上确实提高了有效性。

Lustig 和 Nieuwerbrugh（2002）采用线性因子模型，估计了美国的房产-财富比率，作核心变量，从而考察异质性消费者和抵押借贷约束。本书的这部分设定采用了 Lustig（2001）的方法。

时间序列和横截面结果都支持了 Cochrane（1991，1996）的观点，即在以生产为基础的定价方法中，房地产投资可以作为定价因子。Cochrane（1991）认为房地产投资增长预测了股票回报率，Cochrane（1996）提出了房地产投资增长对横截面股票回报的预测。更重要的是自住房地产而非商用房地产。这一论断支持了本书采用的方法：因为自住房地产对居民很重要，在消费为基础的定价模型中引入房地产。

高波等（2013）针对中国城市房价租金"剪刀差"之谜，从居民住房买租选择机制入手构建了购房者与租房者的住房消费选择模型，运用 2000—2010 年中国 35 个大中城市的面板数据和动态面板系统 GMM 估计方法做了实证检验。研究发现，由于居民住房买租选择更倾向于购房居住，促使城市房价租金比升高。在适应性预期下，房价租金比下降；在理性预期下，房价租金比上升。城市居民收入差距扩大是引发城市房价租金比升高的主要因素。在所有影响因素中，居民人均可支配收入的变化对城市房价租金比变动的影响力最大。因此，完善收入分配制度和不断降低收入差距，加强房价预期管理，大力培育住房租赁市场，引导居民住房理性消费，抑制房地产投资和投机需求，是降低城市房价租金比，防止房价泡沫膨胀和破灭的重要措施。

况伟大（2014）使用中国某主要商业银行2004年4月至2009年5月发放的大样本房贷数据考察了房贷拖欠和违约风险决定因素及其区域差异。研究发现：（1）房价余额比（PTB）显著影响房贷拖欠风险，但债务收入比（DTI）不显著，这表明借款人通常因权益为负而非负担不起而违约。（2）房价只对拖欠1个月房贷具有显著负影响，贷款余额对所有拖欠房贷和违约风险具有显著正影响，而收入和月供无显著影响。据此，商业银行应加强对大额房贷违约风险的管理。（3）房价增长率对所有拖欠房贷和违约风险具有显著负影响，而收入增长率只对1个月房贷拖欠和违约风险具有显著负影响。因此，只要房价和收入保持增长，拖欠房贷和违约风险将下降。（4）拖欠房贷风险具有明显的城市差异。因此，地理位置多样化有助于降低拖欠房贷和违约风险。（5）二手房房贷比一手房房贷具有更高的拖欠和违约风险，商业银行应加强二手房房贷的拖欠和违约风险管理。

宁光杰和雒蕾（2016）利用西南财大中国家庭金融调查2011年、清华大学消费金融调研2008年的微观数据，以及2005、2008、2010年的省份数据，考察内部构成和家庭特征对财产性收入不平等的影响，发现租金收入和金融资产投资收益成为推动财产性收入差距扩大的主要因素，利息和保险收益的增加可以在一定程度上缓解财产性收入差距。城乡和地区差异、教育培训水平和风险偏好程度等都是影响财产性收入差距的因素。提高居民财产性收入的举措应更多地向低收入群体倾斜：通过大力发展落后地区经济和教育事业、引导低收入群体适度参与资本市场，完善保障房制度，严格控制财产性收入的过快增长和结构失衡，使其成为居民提高生活水平、分享经济增长成果的手段。

张光利和刘小元（2018）基于全国范围的调查数据和省级层面数据，分析了住房价格对居民风险偏好的影响，发现高房价水平和房价上涨都显著提高了居民的风险偏好。具体而言，在房价水平高、房价增幅大的地区，居民的主观风险偏好态度和客观风险偏好行为显著提高；当居民没有住房贷款、对房屋具有完全产权时，房价对居民的风险偏好影响更强；居民的健康状况和拥有房屋数量对房价与居民风险偏好关系的调节效应相对较弱；区域性住房价格与居民股市参与度的关系，也进一步表明住房价格能显著提高居民的风险偏好。

张吉鹏等（2021）构建了包含人力资本和禀赋异质性的分析住房需求决策的生命周期模型，研究发现：更好的人力资本和初始禀赋对住房拥有和房产配置均有正向影响，但是存在一定的替代作用；教育年限延长增加了收入，但是推迟了就业和婚育，导致首次购房年龄延迟；在房价快速上涨的背景下，禀赋提升会增加房产持有，挤出金融资产配置。

六、房地产市场调节政策的经济影响

对于房地产与货币政策的关系的研究，最早源于 Modigliani（1975）。他基于美国数据的研究结果表明，虽然信贷额在抵押市场上对房地产建设有间接作用，但是此后货币政策的传导结果，主要是通过资本投资和消费表现出来的。

Gertler（1989）在企业的资产负债表效应中提出，他们认为在经济景气时期，借款人的净值升高，投资增加；在经济衰退时期，借款人的净值下降，投资减少，净值决定的投资的波动将使经济原来的走势具有一种自我加强的惯性。

下面分别介绍对货币政策影响房地产市场、房地产市场对货币政策的传导以及货币政策是否应该关注房地产价格三方面的研究进行简述。

首先，在货币政策影响房地产方面。一般而言，货币供应量的增加，会促进房地产价格的上升，原因可能包括：部分货币供应量流入房地产市场，缓解了房地产交易资金的压力，提高了对房地产的需求，进而推动价格和成交量增长；货币供应量的增长，促进了整体经济的发展，居民的收入增加，名义财富增长之后，会增加对如房地产等耐用品的购买；最为重要的是货币供应量的增长会降低利率，利率是房地产投资的资金成本，成本的降低会促进投资的增长（Hall 和 Taylor，2000）。国内学者黄忠华等（2008）对上海房地产市场的研究也发现市场化程度低的利率对房价具有负影响。周京奎（2005）利用北京、天津、上海等12个城市的面板数据对利率和房价的关系进行回归分析,结果却发现利率对房价的影响为正。另外,信贷和房地产市场的联系也十分紧密,由于房地产开发投资需要的资金规模大,信贷是其投资资金的重要来源之一,当信贷约束放松时,房地产开发贷款更易获得,因此房地产供给增加,进而也将影响房地产价格和总需求。同时,房地产分期付款是促进房地产消费的有力工具,这表示信贷约束放松,会使消费者更易获得房地产抵押贷款,并进一步刺激房地产需求,从而推动房地产价格上涨。1997年,亚洲金融危机中各国的经验表明了信贷对房地产价格急剧变动有较显著的影响。

Kiyotaki和Moore(1997),Aoki等(2004)认为,消费者的借贷能力是基于住宅房地产的可抵押贷款的总值。一旦房地产价格上涨,住房抵押贷款的借贷方的借贷能力会明显上升,使总投资和总产出也会有所增加。其中,一部分新增抵押信贷额度会流入房地产开发投资市场,用于购买房地产或者支持建造开发房地产,进一步推动了房价上涨。同样地,一旦房地产价格下跌,也将导致房地产抵押值和消费者信贷能力萎缩,累及实体经济,甚至出现萧条和危机。

其次,在房地产对货币政策的传导方面。房地产的价格变动受到利率机制的影响,并通过以下的三种渠道传导货币政策,进而影响货币政策的最终目标:调控宏观经济(丁晨,屠梅曾,2007)。第一,房地产价格的财富作用:根据财富作用(Modigliani,1958),房地产是经济微观个体终身资财的重要组成部分,当房价上升时,分别促使消费者的名义财富价值上升和改善居民对未来收入的预期,从而扩大消费开支。第二,Tobin 的 q 投资效应:当房地产的市场价格高于其重置成本时,即 q 值大于 1 时,房地产新开发的收益增加,使得对房地产投资的增加,在国民经济中,房地产投资是一个重要的投资需求拉动器,因此,会进一步刺激总投资和总需求,提高总产出。反之,当 q 值小于 1 时,相对于资本的重置成本来说,企业的市场价值较低,也就是说相对于企业的市场价值来说,新开发房地产的成本较高,企业不会投资新的房地产项目。第三,房地产价格的信贷效应:房地产是银行信贷的主要抵押品之一,房地产价格的波动会影响银行信贷规模的变动,进而影响全社会固定投资的规模。

最后,学术界对货币政策是否应该关注房地产价格的研究观点不一。一部分学者认为,不应该过于关注房地产价格,这是因为,引起房地产价格变动的原因和央行对房地产价格波动进行调控的效果很难确定。Filardo(2000)关注房地产价格波动和一般宏观经济变量,研究表明不支持货币政策对房价作出反应。Faia 和 Monacelli(2004)采用福利经济学方法,进行比较静态分析,结果表明货币政策盯住房价并不能显著改进福利。另一部分学者认为,货币政策应关注房价。Goodhart 和 Hofmann(2002)认为关注房地产价格有助于预测未来或预期通货膨胀,并且房地产价格能影响总需求和通货膨胀,其影响可能比其他资产价格要大。国内学者对房地产价格和货币政策问题的研究尚处于初期阶段。徐慧贤(2008)对货币政策的房地产价格传导机制及货币政策是否对房地产价格波动作出应对等问题进行了较深入分析。邹霞(2006)分别从住房抵押贷款需求者(居民户)、住房抵押贷款供给者(银行)的角度,探讨了房地产价格变动可能引起的房地产信贷风险与宏观经济波动风险。

目前,有一些学者的论文关注了政府对住房市场的政策干预结果。

Chambers 等(2006)在一般均衡的 OLG 模型中研究了住房自有者和房东的不同的征税方式,表明了当取消这一不对称征税方式后福利将有所改善。

Gervais(2002)在一个动态生命周期模型中分析了住房资产税收优惠政策的效果。他的模型中不存在不确定性、调整成本,以及住房的抵押品作用,只关注鼓励家庭购买住房的税收楔子。研究发现减小按揭贷款利率对分布只有很小的影响。Cho 和 Francis(2008)的模型设定与 Gervais(2002)类似,研究税收政策对财富差异化的影响。他们计算得到,降低按揭贷款利率将使得基尼系数减小 0.04。

Jeske 和 Krueger(2007)的一般均衡模型中包含竞争性的住房市场和贷款市场,政府通过隐性担保为银行遇到的冲击提供保险。隐性担保相当于为购买住房的家庭提供了贷款利率补贴,使购房者的贷款杠杆增加,在增加了住房资产的同时,购房者的违约风险也相应增加。这一补贴主要使高收入、财富多的家庭受益,因此,消除这一政策将会带来总体的福利改进。

Stroebel 和 Floetotto（2012）在一个异质性消费者的一般均衡模型中研究政府对住房价格、住房数量的多种干预政策，以及这些政策对社会福利的影响。与之前研究不同的是，他们不仅考虑了不同均衡点之间的福利改变，还考虑了不同均衡点之间的转移路径，以及转移路径上的福利改变。

住房抵押贷款首付率是住宅房地产金融体系的重要外生政策变量。由于住宅房地产在家庭财富中占有重要地位，其总价值往往等于家庭年收入的十倍以上，因此储蓄和住房抵押贷款是家庭购买房产的重要途径。早期的研究中，Williamson（1987b）认为由于信贷市场的信息不对称，贷方要观察到借方的真实收益情况，必须支付一定的审查成本，根据这个特征，它将带有高昂监督成本的金融中介模型纳入一个动态一般均衡框架。分析发现经济衰退导致企业的投资风险加大，金融中介信贷配给被强化，而中介的贷款减少，企业投资随之下降。

Bernake 和 Gertler（1989）同样将对状态核实需要高昂成本的模型引入一般均衡框架。在这一框架中，生产率冲击推动了商业周期的动态过程。对生产率的正面冲击使生产技术所有人的收入得以增加；净价值的上升使投资项目外部融资的代理成本有所下降，从而投资规模有所扩大。

Aiyagari（1994）和 Huggett（1996）建立了一个含有不完全市场异质性消费者的宏观模型，虽然其中消费者受到异质的劳动收入冲击，但这个经济模型无法模拟出现实财富分布的肥尾分布。消费者预期到将来会受到劳动收入冲击，会提前进行预防性储蓄以平滑未来可能的冲击,因此财富趋向集中。

Kiyotaki和Moore(1997)建立了一个模型来解释净价值和信贷约束在影响均衡产出方面的作用。他们的模型中有两类经济人。一类被称为"种植者",他们可以将自己的劳动和土地结合起来进行生产。"种植者"可以借款购买额外土地,借款能力受到其土地抵押价值的制约。另一类被称为"采集者",他们只用土地进行生产,并且贷款给"种植者"。尽管"种植者"在稳定状态下比"采集者"更有生产效率,但是由于借款限制的存在,"种植者"产出过低而缺乏效率,这样外部生产率的冲击将改变资产价格和信贷限制。

Bernanke等(1999)的BCG(波士顿咨询集团)模型在之前的研究基础上,考虑了价格黏性,将名义刚性和代理成本模型结合起来,直接将信贷市场摩擦引入标准的宏观经济模型中,形成了一个包含金融加速器的动态宏观经济学模型。该模型强调由于信贷市场上信息的不对称,企业的外部融资成本高于内部融资成本,而外部融资成本的高低与企业财务的健康状况成反比。一般而言,企业的财务健康状况与经济周期同方向变化。因此,最初的冲击通过信贷市场影响企业的外部融资成本,从而进一步扩大企业的投资和产出波动。

谭政勋和王聪(2015)运用构建的后顾型结构模型,推导包含房价的最优利率规则与货币供应量规则,并把泰勒规则、货币政策如何反映房价的间接和直接观融于一体。从代理指标和计量方法上减轻货币政策的内生性并识别了货币政策立场,实证结果没有出现"价格之谜"。研究结果表明，我国货币政策应该对房价波动做出间接反应，有利于维护政策的连续性及经济的稳定性。如果货币政策能够充分利用房价波动的当前信息与过往信息，而不只是过往信息，紧缩性货币政策能更有效抑制产出、房价和通货膨胀；而宽松的货币政策能够减小宏观经济波动。货币供应量对通货膨胀、产出缺口波动作出充分反应，但对房价的反应不充分，利率对三个变量的反应均不充分。

何青等（2015）通过构建一个带有名义价格刚性以及抵押约束的动态随机一般均衡模型，对过去20年间中国房地产市场与宏观经济波动之间的关系进行了深入的分析。结果表明，房地产市场的冲击，如抵押率冲击和房地产的偏好冲击，深刻地影响了中国的宏观经济。其中，政府的行政性的宏观调控手段（如信贷调控、限售政策等）加剧了抵押率冲击和房地产偏好冲击对于房价及宏观经济的影响，房地产市场和借贷约束的相互影响关系放大了各种经济冲击的影响，成为驱动中国经济周期波动的重要因素。因此，建议政府在调控房地产市场时，应实施差别化的政策，既要避免抑制居民刚性购房需求又要防止投机性的购房需求；减少宏观调控的行政色彩；通过逆周期的抵押率政策对房地产市场进行调节。

倪鹏飞（2019）在新经济地理理论模型的基础上，加入住房部门以及宏观货币政策变量，构建了城市间房价关系的理论模型。在实证上，通过基准回归和添加交互项，验证房价分化的影响因素及货币政策影响房价分化的机制。研究发现，住房供需空间错配导致大小城市间房价不断分化，持续宽松的货币政策加剧大小城市间房价分化。要想减弱城市间房价的过度分化，政府应建立"人地挂钩"制度并创造其发挥作用的配套条件，让土地及住房的供给与需求在空间上趋向匹配。保持货币政策对住房市场的中性作用，加强金融监管，严格限制资金过多地流向住房市场。采用差异化的土地、金融、财政、税收等政策组合，抵消货币政策等对城市间房价关系的影响。

七、现有文献的不足与本书的创新之处

以上研究分别从经济基本面、房地产开发投资、房价泡沫和房地产周期等方面来刻画房地产与宏观经济的互动关系。然而，相对于国际比较全面深入的研究理论和方法而言，我国对房地产投资、信贷、泡沫与宏观经济互动关系的探索仍然不够充分。

通过对这些文献的回顾，本书认为现有文献主要在以下几个方面存在不足：

第一，总的来说，国内外都还没有文献比较系统地讨论房地产投资的规模、增长率、波动性与长期（短期）宏观经济之间的互动关系，也没有考虑房地产政策，如首付率、房地产交易成本对房地产价租比、房产和一般金融资产投资的影响。因为宏观经济是一个整体，单独论述其中一两个变量的相互关系，可能会存在一些内生性错误。

第二，理论方面，目前的国内文献没有采用世代交叠的一

般均衡，相对系统严谨地讨论房地产抵押贷款首付率、税费等交易成本对住房价租比、宏观经济波动以及房地产财富、金融资产财富分配差异化的影响。国内也还没有理论文献和微观实证结果，专门研究住房价租比变化对消费者的投资组合策略影响，导致消费水平、财产分布的差别化结果，即对不同类型家庭的财富和福利影响。大多文献关注的只是住房价格与总体宏观经济变量之间的关系。

第三，实证方面，对房地产与家庭普通商品消费的研究，国内已有文献一般是采用省级或者宏观数据，关注的是整体房地产的财富作用，一般采用协整模型，很少有采用微观数据的研究，也没有采用习惯性消费模型对财富作用进行深入研究。本书的实证模型表明，家庭房地产财富的财富作用在长期应该是正的。

第四，国内外对家庭住房需求的研究文献中，一些没有考虑住房价租比的影响，实际上这是一个很重要的指标；另一些文献受到数据的限制，无法将家庭对住房的消费需求与投资需求区分开。而由于住房同时具有消费品特性和投资品特性，并且消费需求和投资需求对住房价格的反应非常不同，消费需求更具有刚性，而投资需求对投资回报率可能更为敏感。如果不对这两种需求进行分别分析，得到的结果将不准确，其经济意义也不明确。而国内的文献大多没有考虑到价租比这一影响住房消费与投资的重要因素，一般只是关注了收入水平、财富作用等因素。

第三章　我国房地产市场与宏观经济变量的互动关系研究

一、房地产投资与宏观经济波动

表3-1的数据概括了2000—2021年的22年间,全社会住宅房地产投资占经济总规模比重和占固定资产总投资的比重情况。住宅房地产投资平均占经济总规模的9.898%,占固定资产总投资的20.68%(浮动区间分别是7.52%~12.52%和17.43%~24.21%)。与其对应的世界平均水平是5.5%和23.4%。表3-1同时汇报了最大值、最小值、均值、标准差、变异系数(Coefficient of Variation,CV)和偏度的情况。

表3-1　住宅房地产投资占经济总规模、固定资产总投资的百分比

变量与时间区间	最大值	最小值	均值	标准差	变异系数	偏度
2000—2009年全社会住宅房地产投资占经济总规模比重	10.45	7.52	8.54	0.73	0.085	-0.60
2000—2009年全社会住宅房地产投资占固定资产总投资的比重	23.08	19.01	20.83	0.79	0.038	-0.34

续表

变量与时间区间	最大值	最小值	均值	标准差	变异系数	偏度
2010—2014年全社会住宅房地产投资占经济总规模的比重	12.52	10.93	11.98	0.33	0.028	0.89
2010—2014年全社会住宅房地产投资占固定资产总投资的比重	24.21	20.58	22.39	1.78	0.079	-0.18
2015—2021年全社会住宅房地产投资占经济总规模的比重	11.64	9.27	10.35	1.32	0.128	0.33
2015—2021年全社会住宅房地产投资占固定资产总投资的比重	20.11	17.43	19.16	0.69	0.036	-0.89
2000—2021年全社会住宅房地产投资占经济总规模的比重	12.52	7.52	9.898	1.46	0.148	1.12
2000—2021年全社会住宅房地产投资占固定资产总投资的比重	24.21	17.43	20.68	2.61	0.1262	-0.08

资料来源：中国国家统计局《中国统计年鉴》(2000—2021年)。

宏观经济冲击和房地产市场宏观环境的改变，会对房地产市场投资产生影响，使其发生波动。房地产部门的波动是我国总投资波动的主要组成部分。表3-2总结了住宅房产投资和其他GDP组成成分的增长率和方差。其中，GDP=总消费+总投资+其他项目；总投资=住宅房地产投资+非住宅房地产投资。过去的22年中，住宅房地产投资平均年增长率达到12.97%，超过了11.70%的GDP增长率和11.79%的一般消费增长率；住宅房地产投资增长率标准差3.83，小于GDP和一般消费增长率的方差，也小于非住宅房地产投资增长率的方差；

住宅房地产投资增长率的 CV 值为 0.30，大于非住宅房地产投资增长率的 CV 值，但小于 GDP 和一般消费增长率的 CV 值。

表 3-2　住宅房地产投资的增长率和波动性

主要组成部分	均值	标准差	CV	占 GDP 的比重(%)
一般消费增长率	11.79	4.69	0.40	35.10
总投资增长率	13.68	4.75	0.35	42.01
住宅房地产投资增长率	12.97	3.83	0.30	8.35
非住宅房地产投资增长率	13.88	3.89	0.28	33.67
其他项目增长率	-11.65	4.41	-0.38	23.13
GDP 增长率	11.70	4.20	0.36	100

资料来源：根据中国国家统计局《中国统计年鉴》(2000—2021 年)统计数据计算得到。

不同于一般消费品，住宅房地产具有消费品和投资品的双重特征。消费者对住房既有消费需求，又有投资需求。过去的研究一般把消费性需求定义为用于自住的房产需求，把投资需求定义为住房总需求(自住房产需求和持有的其他房产构成的需求总和)。我国目前金融体制尚不完善，投资渠道相对较少，股票市场不确定性风险较大，而房地产价格上涨预期显著，相对于一般投资可能具有较高的回报率。北京、上海、天津、广州和大连五个城市的调查数据显示，已购买房产的家庭中有 20% 的家庭拥有两套或两套以上的住房。

除了经济基本面因素，宏观经济政策是影响我国房地产投资的主要因素之一。考虑到我国的房地产投资一定程度上是由政策因素决定的，我们有必要考量著名的 Burns-

Grebler 假说在我国是否成立。Burns 和 Grebler(1977)假说采用时间序列和面板数据，证明房产投资占总产出的百分比(the Share of Housing Investment as a Percentage of Total Output，SHTO)与经济发展非线性相关。具体而言，当收入很低时，这个百分比也很低，房产投资随着实际人均收入增长而攀升，进而拉动 GDP 的增长；这个比例达到峰值后，随着收入水平的进一步升高而下降，房产投资对 GDP 的贡献也随之下降，形成一个倒 U 形曲线。1993 年世界银行的研究表明：采用多国的面板数据证明这一倒 U 形曲线是存在的，在最不发达国家中 SHTO 大约为 2%，发展中国家上升到 8%，发达国家下降到 3%~5%。中国的情况：朱爱勇(2009)采用 1999—2007 年季度省级数据证明我国房地产符合这一假设，但是受数据和方法限制，未能考量 2007 年之后的情况。

图 3-1 绘出了 2000—2021 年实际人均收入(实际国民收入以 2000 年不变价格计)和 SHTO 的关系。每一个点代表一个年份，按照时间顺序连成线。图 3-1 中实际人均收入是持续增长的，21 世纪之后我国的房地产业取得了迅速发展，对 GDP 的带动作用不断增强。即使在 2007 年美国次贷危机发生的背景下，我国的房地产投资水平仍然维持了高增长。从全国年度数据看，我国的房地产业已经出现倒 U 形曲线，最高点发生于 2013 年。由于我国房地产的东西部发展不均衡，部分城市可能处在不同的发展阶段，因此，需要进一步使用城市数据进

行研究。

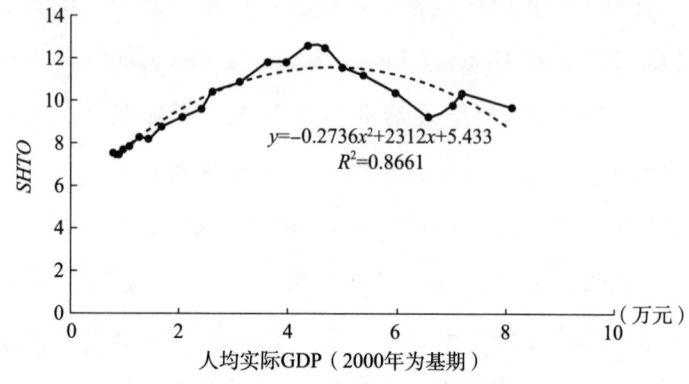

图 3-1　人均 GDP 与 SHTO

资料来源：中国国家统计局《中国统计年鉴》（2000—2021 年）。

为了描述房地产投资和收入的关系，将 $SHTO$ 对实际人均 $GNP(Y)$ 及其平方式（YSQ）做 OLS 回归：

$$SHTO = 5.433 + 2.612Y - 0.2736 \times YSQ$$

$$(10.2296) \quad (-8.96068)$$

$$Adjust\text{-}R^2 = 0.852 \quad D\text{-}W = 0.787$$

在图 3-1 中，我国数据的回归结果比较类似美国 2008 年以前的情况，即倒 U 形的左半边。Durbin-Watson 检验结果说明存在二阶自相关。对模型进行修正后重新估计。用"＊"代表做 AR(1) 和 AR(2) 调整后的解释变量。此外，由于实际利率（用 rint 表示）与房地产投资存在反向变动的关系，添加实际利率作为解释变量（世界银行《1993 年世界发展报告》103 页数据）。估计结果如下：

第三章 我国房地产市场与宏观经济变量的互动关系研究

我国住宅房地产的 Burns-Grebler 假设检验

回归统计	
Multiple R	0.930669
R^2	0.866145
调整 R^2	0.852055
标准误差	0.629801
观测值	22

方差分析

	df	SS	MS	F	Significance F
回归分析	2	48.76583	24.38292	61.47224	5.05E−09
残差	19	7.536335	0.396649		
总计	21	56.30217			

	Coefficients	标准误差	t Stat	P-value	Lower 95%	Upper 95%	下限 95.0%	上限 95.0%
Intercept	5.432997	0.425425	12.77074	8.99E−11	4.542571	6.323423	4.542571	6.323423
X Variable 1	2.612005	0.255338	10.2296	3.65E−09	2.077577	3.146434	2.077577	3.146434
X Variable 2	−0.2736	0.030533	−8.96068	2.99E−08	−0.33751	−0.20969	−0.33751	−0.20969

回归统计	
Multiple R	0.946413
R^2	0.895698
调整 R^2	0.878315
标准误差	0.571179
观测值	22

方差分析

	df	SS	MS	F	Significance F
回归分析	3	50.42975	16.80992	51.52539	4.9E-09
残差	18	5.872416	0.326245		
总计	21	56.30217			

	Coefficients	标准误差	t Stat	P-value	Lower 95%	Upper 95%	下限 95.0%	上限 95.0%
Intercept	3.086334	1.108417	2.784451	0.012237	0.757635	5.415032	0.757635	5.415032
X Variable 1	2.42061	0.246592	9.81625	1.19E-08	1.902539	2.938681	1.902539	2.938681
X Variable 2	-0.23867	0.031717	-7.52508	5.79E-07	-0.30531	-0.17204	-0.30531	-0.17204
X Variable 3	0.393497	0.17424	2.258364	0.036575	0.027433	0.759561	0.027433	0.759561

$$SHTO^* = 3.086334 + 2.42061 Y^* - 0.23867 YSQ^* + 0.3934 rint$$
$$(9.81625) \quad (-7.52508) \quad (2.248364)$$
$$\text{Adjust-}R^2 = 0.878315 \quad D\text{-}W = 1.121601$$

估计结果比较显著，调整 R^2 为 0.878315。结果证明中国的数据符合 Burns-Grebler 假设，住宅房地产投资与人均 GDP 之比随着经济发展呈现倒 U 形曲线，住宅房地产投资对 GDP 的贡献作用正在减弱。

房地产部门的最优资源配置是怎样的呢？相关研究普遍认为美国对自住房产的税收优惠政策造成了房地产过度投资。Mills(1987)采用两部门模型证明房地产部门资本回报率明显低于其他生产部门的资本回报率，这意味着房地产部门可能存在过度投资；Taylor(1998)采用 1975—1995 年的数据，研究表明虽然 1986 年通过了有利于自住房产的减税法案，没有显著证据证明自住房地产回报率低于其他生产部门。

相反,一些研究认为,受土地、金融等因素限制,房地产行业可能存在投资不足。Kim(1991)采用 Mill 模型和 1970—1986 年美国数据证明了美国存在房地产投资不足,将数据扩展到 1995 年发现,即使房地产部门回报率和其他生产部门回报率差额在减少,房地产投资不足仍然存在。

住宅投资是 GDP 的重要组成部分,Green(1997)采用格兰杰因果关系检验研究了房地产投资、非房地产投资与 GDP 之间的因果关系。结果证明,住宅房地产投资是 GDP 的格兰杰因果关系检验的原因,而不是格兰杰因果关系检验的结果,非住宅房地产投资是 GDP 的格兰杰因果关系检验的结果,但不是格兰杰因果关系检验的原因。这意味着美国数据支持房地产投资影响经济周期。Green 认为虽然控制房地产过度投资的政策在长期可以优化资源配置,但是在短期可能对经济造成不良影响。

Kim(2004)采用美国 1970—2002 年季度数据证明:住宅房地产投资不是 GDP 的格兰杰因果关系检验的原因,而是受到宏观经济波动的影响;非住宅房地产投资既是 GDP 的格兰杰因果关系检验的原因又是 GDP 的格兰杰因果关系检验的结果。Green 和 Kim 结果不同,一个可能原因是:房产投资对经济可能具有正面作用,政府会采取政策,通过调节房地产投资来对冲经济波动。

下面采用我国 2000—2021 年季度数据做格兰杰因果关系检验,滞后阶数选取服从 AIC 和 SC 准则,检验结果如表 3-3 所示。

表 3-3　房地产投资、一般投资与 GDP 的格兰杰因果关系

变量	H0	P 值
GDP 与房地产投资（housinginv）	Housinginv ≠ >GDP	0.0578
	GDP ≠ >housinginv	0.00475
GDP 与非房地产投资（nonhousinginv）	Nonhousinginv ≠ >GDP	0.00102
	GDP ≠ >nonhousinginv	0.00234

资料来源：中国国家统计局《中国统计年鉴》(2000—2021 年)。

房地产投资是 GDP 的格兰杰结果，而不是格兰杰原因，非房地产投资与 GDP 有显著的格兰杰因果关系。这与美国的情况相类似。可能的解释是：经济情况较好时社会会增加房地产投资，但是房地产投资较多并不意味着经济会变好。这是因为，原本经济形势不好的时候，考虑到房地产投资有可能会拉动经济增长，政策会对房地产市场给予一定的支持，但是这不一定能够真正达到拉动总体经济的目的。

二、我国居民的房地产财富作用再评估：基于习惯性消费的方法

（一）我国房地产市场总价值与居民财富构成

房地产存量即房地产部门在各期的累计总投资减去折旧等抵减项目。我国的城镇消费者人均住宅面积从 1978 年的 6.7 平方米/人逐年上升，这一数值在 1998 年、2007 年、2011 年和 2021 年分别为 18.7 平方米/人、27.1 平方米/人、29.4 平方米/人和 31.69 平方米/人。采用 2000—2021 年北京市地区生产总值、房地产总市值的数据，计算出房地产总市值占地区

第三章　我国房地产市场与宏观经济变量的互动关系研究

生产总值的比例变化,如图3-2所示;又根据搜房网-中国指数研究院公布的北京、上海、深圳三个城市的收入和房价数据计算出住宅房地产和收入的洛伦茨曲线如图3-3所示。可以看出:家庭收入的分配集中程度低于房产财富分配的集中程度。

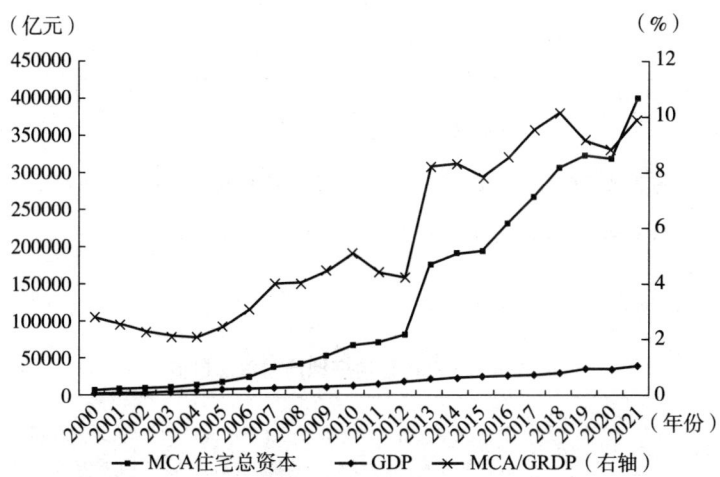

图3-2　北京市住宅房地产财富与地区生产总值

资料来源:北京市统计局《北京市统计年鉴》《北京区域统计年鉴》(2000—2021年)。缺失数据以相邻两年均值代替。

表3-4列示了北京市住宅房地产财富总市值(亿元),用人均居住面积(平方米/人)、人口(百万人)、住宅均价(元/平方米)和常住户籍人口相乘计算而来。表3-5对比了北京市房地产财富总市值、全国金融市场总资本(股票年末总市值)和北京地区生产总值的变化水平。可以发现,2000年以来,北京市住宅房地产总市值增长近57倍,远高于股票财富总市值的增长速度(约为17倍),快于北京市地区生产总值的增长速度(约

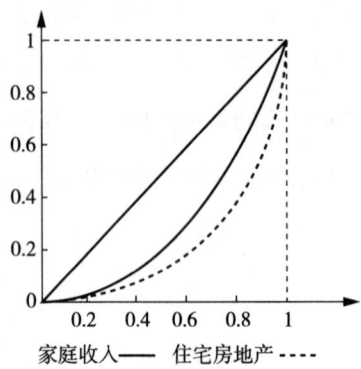

家庭收入 —— 住宅房地产 ----

图 3-3　北京、上海、深圳市住宅房地产和收入的洛伦茨曲线

资料来源：搜房网-中国指数研究院城市数据库（2000—2021年）。

为16倍）。

表 3-4　北京市住宅房地产财富总市值

年份	住宅房地产 财富总市值 （亿元）	总面积 （百万平方米）	住宅均价 （元/平方米）	人口 （百万人）	人均居住面积 （平方米/人）
2000	69248172	15196	4557	748.6	20.3
2001	94834044	20109	4716	1107.5	20.8
2002	98308842.6	22007.8	4467	1122.3	22.8
2003	106264460	23847.5	4456	1136.3	23.7
2004	124370450.6	26199.8	4747	1148.8	26.1
2005	169280466	28922	5853	1162.9	27.1
2006	240904375	32665	7375	1180.7	27.7
2007	369520921	34661	10661	1197.6	27.7
2008	422436690	36270	11647	1213.3	28.74
2009	525662480	37736	13930	1229.9	28.8
2010	667808487	38937	17151	1245.8	31.2
2011	695876214	39633	17558	1277.7	29.4

第三章 我国房地产市场与宏观经济变量的互动关系研究

续表

年份	住宅房地产财富总市值（亿元）	总面积（百万平方米）	住宅均价（元/平方米）	人口（百万人）	人均居住面积（平方米/人）
2012	796358200	42586	18700	2077.5	29.26
2013	1734426666	45486	38131	2125.4	31.31
2014	1904359458	48361	39378	2171.1	31.54
2015	1938420750	49895	38850	2188.3	33.23
2016	2298767500	51250	44854	2195.4	34.02
2017	2661850425	52035	51155	2194	34.23
2018	3072328120	52820	58166	2192	34.86
2019	3223911910	53605	60142	2153.6	34.86
2020	3166966530	54390	58227	2189	33.41
2021	3989356000	68000	58667	2188.6	33.41
2021/2000	57	4.5	13	3	1.6

资料来源：北京市统计局《北京市统计年鉴》（2000—2021年）；《北京区域统计年鉴》（2000—2021年）；《北京市人口统计年鉴》；万得资讯（www.wind.com.cn）。

表3-5　北京市住宅房地产财富总市值、地区生产总值与全国金融市场总资本

年份	住宅房地产财富总市值（亿元）	地区生产总值（亿元）	全国金融市场总资本（亿元）
2000	69248172	2478.76	48090.9
2001	94834044	3710.52	43522.2
2002	98308842.6	4330.4	38329.1
2003	106264460	5023.77	42457.7
2004	124370450.6	6060.28	37055.6
2005	169280466	6886.31	32430.3
2006	240904375	7870.28	89403.9

续表

年份	住宅房地产财富总市值（亿元）	地区生产总值（亿元）	全国金融市场总资本（亿元）
2007	369520921	9353.32	327141
2008	422436690	10488	121366
2009	525662480	11865.9	249700
2010	667808487	13076.2	265400
2011	695876214	16000.4	214800
2011/2000	9.996566861	7.95521	11.0122221

资料来源：北京市统计局《北京市统计年鉴》(2000—2021 年)；《北京区域统计年鉴》(2000—2021 年)；《北京市人口统计年鉴》；万得资讯：(www.wind.com.cn)。

Friedman（1957）的持久收入理论、Modighani（1963）的生命周期理论都能够在一定程度上解释房地产资本的财富作用的存在。国外大量研究表明房地产和股票等消费者持有的资产实际价值上涨，会对消费产生正的作用，从而促进经济增长，亦即财富作用。

根据国家统计局《中国统计年鉴》2000—2021 年的统计数据，可以对房地产资本的财富作用进行简单的估计，并与股票的财富作用做初步比较。模型如下：

$$\ln c_t = 0.81 + 0.93\ln income_t - 0.063\ln q_{t-1} - 0.0087\ln stockindex_t$$

调整的 $R^2 = 0.955$。其中 c_t、$income_t$、q_{t-1}、$stockindex_t$ 分别表示居民一般消费、可支配收入、上期房价和上证综指。简单回归结果表明，1995—2011 年，我国股票和房地产市场的财富作用都是负的，且房产的负财富作用（-0.063）影响更大。这可能是这一阶段我国股票市场波动剧烈，房地产资本短期变现困难导致的。也要考虑到随着住宅房地产市场的过热，我国消费者可能倾向于减少消费、增加储蓄以购置改善型住房，从而产生了负的财富作用。需要注意的是，现有的微观层面和面板数据的研究结果（沈悦，2006）可能与宏观数据结果存在矛盾。这一点我们会在后面具体论述。

针对我国的收入和财富分配差异化问题，相关研究认为，中国在近30年的经济改革和发展过程中，收入和财富分配的差异化程度已经急剧扩大。数据表明，房产资本持有分布差异化明显大于劳动收入分布差异化。房价长期上涨，住宅房地产价格平均增长速度快于人均收入增长速度，导致持有房产和没有房产的消费者的财富分配差异化程度加深。而因为房产财富占消费者总财富的比重较大，所以房产资本财富分布差异化显得非常重要。

（二）估计我国居民住宅房地产的财富作用：协整性方法和习惯性消费方法

从我国居民住宅房地产的财富作用估计，传统的定量分析方法是基于简单的、可完全预测情况下的消费模型。传统模型一般没有区分财富的种类，金融财富的外生增长和住宅房地产财富是等同的，主流方法更多是基于宏观数据的协整性回归估计方法。但是，协整性方法的理论基础的可信性比较值得怀疑。一个可能存在的重要的问题是，协整性模型假设存在一个长期稳态的关于消费、劳动收入、财富的相关关系。但是理论上这样的关系很可能是不能长期存在的，除非每个经济变量都保持长期不变。根据我国国家统计局公布的宏观数据,税收、人口、GDP、金融信贷、一般消费和房地产投资的变化是非常显著的。所以,在实际操作中,实验检验往往会得到不稳定的协整结果。

Carroll(2006)根据美国微观数据,建立了基于习惯性消费的因素的经济模型,证明了美国住宅房地产价格的飙升有利于解释个人消费部门和宏观经济的快速增长,且使用这一方法获得的结果比基于协整性的估计方法更为合理。那么,这一经验是否能够用于对中国的房地产财富作用的研究呢?考虑到消费增长具有滞后性,基于Carroll(2006)的设定,本书采用了新的方法,引入了习惯性消费,在消费增长滞后模型的基础上重新估计了住宅房地产和一般金融资产的财富作用,从而区分长期和短期的财富作用。本书的结果显示,此方法相较于以协整性估计为基础的方法更为适用。这是因为,没有理论和证据可以证明稳态协整矩阵一定存在,所以协整性估计的基本假设前提不能满足,影响结果的信度。

估计财富作用采用的宏观数据(主要是利率)来源于人民银行,通过加权平均调整为季度数据。本书的可支配收入、股票财富、房产财富数据和消费数据主要来源于搜房网-中国指数研究院城市数据库数据(2020年)和北京大学社会调查中心CFPS数据,覆盖了北京、上海、广州三大城市。搜房网-中国指数研究院城市数据库数据包含了1474个居住社区、17495套住房(原数据中个别居民户的收入、消费、股票财富数据缺失,用社区平均收入、消费和财富水平代替)。北京大学社会

第三章 我国房地产市场与宏观经济变量的互动关系研究

调查中心 CFPS 数据包含了北京市的 8 个区县、上海市的 8 个区县以及广州市的一个区,共有 1362 户家庭、4727 个个体。

1. 住宅房地产财富作用的简单回归估计

首先,采用 2000 年 1 月到 2020 年 12 月中国 35 个大中城市的月度数据进行回归,Rc 表示消费变动,$Rincome$ 表示收入变动,$Rstock$ 表示股票财富变动,$Rhousvalue$ 表示房地产财富变动。L 表示取二次 log 的形式。回归模型如下:

$$Rc = 0.61 \times Rincome + 0.0012 \times Rstock - 1.61 \times Rhousvalue - const$$
$$(0.027) \quad (0.00091) \quad (0.079)$$

$$LRc = 1.0012 \times LRincome + 0.065 \times LRstock - 0.2179 \times LRhousvalue - const$$
$$(0.044) \quad (0.015) \quad (0.0024)$$

采用我国 2000 年到 2020 年的季度调整数据,估计即期和一季度滞后的财富作用结果表明:我国的股票财富作用是正的,而房地产的财富作用是负的,这可能是因为消费者为了购买房产进行储蓄,从而挤出了一般性消费,这与美国、韩国、日本等国的研究结果有显著不同;居民房产财富每增加 100 元,消费相应减少 1.6 元(此前一些国内的研究,这个数字均是减少,多在 6 元左右),而长期财富作用下,消费每增加 100 元,消费相应减少 0.2 元。这是一个很有趣的现象,即在考虑跨期影响和习惯性消费的模型中,财富作用虽然仍为负数,但并没有一般认为的那么负面,甚至可能在某种条件下对一部分人存在正的财富作用。注意,以上是基于简单回归方法和月度数据的回归结果。显然,由于方法过于简单,没有考虑跨期和消费习惯多期滞后性影响的变化,该结果的信度不高。

2. 基于习惯性消费的估计模型

Ryder 和 Heal(1973)介绍了引入了习惯性消费的方法,采用习惯性消费模型证明了过去消费的选择会影响当期效用水平。本书根据 Ryder 和 Heal(1973)的模型假设,采用含有习惯性消费的效用函数,表示如下:

$$U(C_t, C_{t-1}) = \frac{(C_t - \chi C_{t-1})^{1-\rho}}{1-\rho}$$

其中,χ 是一个参数,用来衡量习惯的重要性。根据假设,在 $t-1$ 期,选择高消费会增加习惯的权重,从而降低同样的 t 期消费带来的 t 期效用。

Dynan(2000)证明了以上含有习惯性消费的效用函数的欧拉方程约等于公式(3-1):

$$\Delta \log C_{t+1} = \zeta + \chi \Delta \log C_t + \varepsilon_{t+1} \qquad (3-1)$$

公式(3-1)意味着,下期消费的百分比变动与本期消费百分比变动和习惯的权重参数有关。因此,习惯的重要性可以通过消费增长的序列相关参数估计出。干扰项 ε_{t+1} 包括了对消费增长的各种冲击的综合作用,其中财富的冲击作用用 $\Delta \log C_{t+1}$ 表示。

实际消费的估计结果,可能包括了一些瞬间的估计误差或者暂时的偶然性的冲击,可以成为"瞬息因素"。比如,价格偶然性冲击产生的消费,如某种食品价格的偶然性变动。加入这些瞬息因素之后,公式(3-1)可以改写为新的消费 C^* 估计方程,用公式(3-2)表示:

$$\Delta \log C_{t+1}^* = \beta_0 + \beta_1 \Delta \log C_t^* + \zeta_{t+1} \qquad (3\text{-}2)$$

Sommer(2002)认为,如果瞬息因素限制在一个季度以内,而实际消费服从公式(3-1)的话,则消费的估计误差将服从公式(3-1),此时估计系数为负的。估计公式(3-2)的结果 β_1,就会得到一个被低估的习惯参数 χ 的估计。此时,低估 χ 是瞬息因素导致的,下偏的程度取决于对瞬息因素的衡量。Sommer(2002)的解决方式是,采用工具变量估计方法,使用早于 $t-2$ 期的数据做工具变量,就可以克服以上这些问题。此外,Sommer 还用美国数据计算了工具变量法估计的结果,实际消费增长序列相关系数在 0.7 左右。无论是总消费支出还是快消品和耐用品,均是如此。使用两阶段最小二乘法,估计方程如下:

$$\Delta \log C_t = \eta_0 + Z'_{t-1} \eta + \nu_t$$

其中,用 Z'_{t-1} 表示工具矩阵。

Sommer(2002)的方法存在以下一些问题:第一,本书的最终目标是估计财富对消费的边际作用 MPC,但是公式(3-1)是用消费增长率定义的,最终只能求出财富增长率对消费增长率的边际作用,而不是 MPC;第二,此方法没有将财富区分成股票和房地产,原因是如果令假设设定为 MPC 分别等于股票和房产增长率,则除非房产和股票每期都是完全同步同速增长的,否则 log 改变量将是不同的,最终将无法通过检验。为了估计 MPC,并对财富种类加以区分,本书对 Sommer 方法进行以下改进性设定:

可以用一个简单的方法解决第一个问题,那就是使用财富改变对原始消费的比率,代替财富增长率。考虑到本书下一步将采用季度数据,滞后期为一年的形式,因此,原始消费水平定义为 $t-5$ 期的消费水平,即四个季度以前。由此,可以定义相对第 $t-5$ 期消费, t 期消费的边际改变和 $t-1$ 期财富的边际改变,用公式表示如下:

$$\partial C_t = \frac{C_t - C_{t-1}}{C_{t-5}}$$

$$\partial W_{t-1} = \frac{W_{t-1} - W_{t-2}}{C_{t-5}}$$

则可以得到消费财富作用的一阶回归形式,用公式(3-3)表示:

$$\partial C_t = \alpha_0 + \alpha_1 \partial W_{t-1} \qquad (3-3)$$

估计公式(3-3),可以直接得到财富对消费边际作用的季度调整,即 t 期消费和 $t-1$ 期财富的关系。

为了解决第二个问题,假设总财富包括股票财富(用 W^S 表示)和房产财富(用 W^N 表示),则由公式(3-3)得到一阶回归形式,可以用公式(3-4)表示:

$$\partial C_t = \alpha_0 + \alpha_1 \partial W_{t-1}^S + \alpha_2 \partial W_{t-1}^N \qquad (3-4)$$

因此就得到了区分房产财富和股票财富的、直接可比的、相对 MPC 的估计。回归公式(3-3)或(3-4),通过工具变量的一般检验和工具有效性检验。工具变量方程估计可以表示为公式(3-5):

$$\partial C_{t+1} = \gamma + \chi \partial C_t + \xi_{t+1} \qquad (3-5)$$

公式(3-5)代表了下期消费受本期消费的边际影响,估计

系数 χ 表示习惯的作用程度，γ 表示常数。

根据无限期界模型(infinite horizon)理论，针对每一个财富水平 μ 和消费水平改变量 ∂C 的习惯系数 χ，可以计算出一个原始(本季度) MPC，而财富对消费的终极加总作用长期 MPC (用 MPC^{LR} 表示)服从以下公式：

$$MPC^{LR} = \frac{\mu}{1-\chi}$$

经济学研究关注长期 MPC^{LR} 的意义在于：长期 MPC^{LR} 是一个更好的考察目标，因为在长期，随着消费者做出的一系列选择，总财富应该是内生的，所以长期 MPC^{LR} 确实反映了中长期(几年期限内的)消费动态变动情况。而在相对较短的期限内，消费选择的后果还没有能够体现对财富的长久影响。因此为了区分，本书分别定义了长期 MPC^{LR} 和短期 MPC。相比之下，协整性分析定义的长期往往要基于多个时期，比如50个阶段的消费样本的一些变化属性。而一旦使用协整性讨论，就会得到唯一合理的是长期 MPC^{LR} 为0的结论，这显然不符合实际。本书的研究方法，能够在相对较短的期限内，反映出长期动态的特点，这就是习惯性消费方法的优势。

简单的估计长期 MPC^{LR} 的方法就是直接进行一阶回归，计算出一季度滞后的 ∂W 相关系数。定义短期 $MPC = \alpha = \chi\mu$。这意味着长期 MPC^{LR} 可以根据如下公式估计出来：

$$MPC^{LR} = \frac{\alpha}{\chi(1-\chi)}$$

因此，长期 MPC^{LR} 会受到短期 MPC 和习惯调整的作用。

用 χ 对分母进行调整，这表示估计系数是通过一期滞后项的调整，而不是采用当期财富水平的 MPC 计算出的。

在实证研究中，只有一阶滞后的房产财富和股票财富数据，对系数进行的估计结果有时候会过分敏感，所以直接报告的结果可能会不够合理（实际长期 MPC^{LR} 在 $0.02\sim0.1$）。但是如果实际消费的增长序列相关性是真实存在的，就可以使用财富变动水平来替换消费变动水平，同时保证也能够获得相关关系。假设 χ 其相对独立于季度财富的冲击，且消费变动受到前几期财富变动的影响，其系数为 $\mu\chi$。将公式（3-4）带入公式（3-5），则得到：

$$\Delta C_{t+1} \approx \mu\chi(\Delta W_t + \chi\Delta W_{t-1} + \chi^2\Delta W_{t-2} + \chi^3\Delta W_{t-3}) + \varepsilon_{t+1}$$

财富平均变动水平，等于前几期财富的变动用 χ 系数加权平均后，再用原始消费（$t-4$ 期消费）来衡量，据此定义公式（3-6）：

$$\partial W_t = \frac{\Delta W_t + \chi\Delta W_{t-1} + \chi^2\Delta W_{t-2} + \chi^3\Delta W_{t-3}}{C_{t-4}} \qquad (3-6)$$

相似地，消费平均变动也可用 $t-4$ 期原始消费衡量其加权平均水平，得到公式（3-7）：

$$\partial C_t = \alpha_0 + \alpha_1 \partial W_{t-1} \qquad (3-7)$$

如果消费动态模型是正确的，估计公式（3-7）的系数 α_1 应该就是即期（一季度的）MPC，即为基于消费习惯模型的即期财富作用。针对各期的财富和消费变动，可以估计出各期对应的财富作用系数 α_n。再使用我国 1998—2020 年的季度数据，

估计长期 MPC^{LR}，估计方程可以用公式(3-8)表示：

$$MPC_n^{LR} = \frac{\alpha_n}{\chi(1-\chi)} \quad (3-8)$$

简单总结本书的财富作用估计过程如下：第一，用 IV 方法估计习惯性消费公式(3-5)，得到消费习惯系数 χ 的估计量；第二，建立以原始消费衡量的财富变动 ∂W 的估计，如公式(3-6)；第三，估计公式(3-7)，得到含有消费习惯的、加权平均的短期 MPC 的估计系数 α_n；第四，基于短期 MPC 估计，通过公式(3-8)估计长期 MPC^{LR}。

相比协整性估计方法，此方法可能较为烦琐。但是考虑到财富冲击带来的即期 MPC 和长期 MPC^{LR} 的区分性研究比较重要，基于习惯性消费的方法会更合理一些。

假设 $t+1$ 期消费水平变动用 ∂C_{t+1} 表示，t 期财富水平变动用 ∂W_t 表示，上标 S 表示股票，上标 N 表示房产，$t-1$ 期家庭可支配收入用 $income_{t-1}$ 表示，$t-1$ 期利率水平用 $rint_{t-1}$ 表示。基础对照组[短期(一阶滞后)财富作用 MPC 的估计]可以用表3-6表示。

表3-6 短期(一阶滞后)财富作用

$\partial C_t = \alpha_0 + \alpha_1 \partial W_{t-1} + \alpha_2 \partial W_{t-1}^S + \alpha_3 \partial W_{t-1}^N + \alpha_4 income_{t-1} + \alpha_5 rint_{t-1}$

总财富作用系数 α_1	股票财富作用系数 α_2	房地产财富作用系数 α_3	家庭可支配收入系数 α_4	利率系数 α_5	检验 ($H0: \partial W^S = \partial W^N$) 和 p 值、R^2
0.0167 (0.0042)	0	0	0	0	$R^2 = 0.107$
0.0107 (0.0029)	0	0	0.093 (0.013)	-0.322 (0.2177)	$R^2 = 0.231$

续表

总财富作用系数 α_1	股票财富作用系数 α_2	房地产财富作用系数 α_3	家庭可支配收入收入系数 α_4	利率系数 α_5	检验 ($H0$：$\partial W^S = \partial W^N$) 和 p 值、R^2
0	0.0214 (0.0057)	−0.032 (0.0221)	0	0	接受 $\partial W^S = \partial W^N$ $p=0.067$ $R^2=0.129$
0	0.0159 (0.0034)	−0.027 (0.0071)	0.076 (0.042)	−0.5901 (0.2324)	接受 $\partial W^S = \partial W^N$ $p=0.429$ $R^2=0.224$

资料来源：根据搜房网-中国指数研究院 2000—2020 年城市数据库和宏观数据库的季度数据计算得到。

表 3-6 汇报了用基于长期微观数据对公式(3-7)的回归估计结果。

第一行和第二行，财富作用系数 α_1 估计：如果家庭财富在上一季度额外增长 1%，则消费本期预期多增长 0.0167%，如果考虑家庭可支配收入的作用和利率的负面作用，这个数值变成 0.107%。总的来说，家庭财产的财富作用是显著为正的。

第三行，将家庭财富拆分成当期股票总财富 W^S 和房产总财富 W^N 两部分，不考虑收入和利率因素时，财富作用系数 α_2 和 α_3 分别为 0.0214 和 −0.032。可以看出房地产的财富作用是负数，房地产财富的解释力度也弱于股票财富的解释力度，数据检验认为两个财富作用等同的假设在 95% 水平上不能拒绝。这可能是因为房产财富交易存在种种困难，变现较难，调整速度远不如股票财富快。

第四行，考虑收入和利率因素之后，股票和房产的财富作用系数变为 0.0159 和 -0.027。两种财富的财富作用系数绝对值下降，但是两者作用相等的假设不能够通过检验。因为利率和收入两个因素实际上与总财富相关，但同时也有某种程度的独立性，可以单独地影响消费增长，加入这两个变量后，两种财富的解释能力均有所下降，但是模型总的解释能力还是有所加强的。

表 3-6 的结果只能表现一阶滞后的短期消费增长的财富作用。要得到长期的 MPC^{LR}，必须运用公式 (3-5) 和公式 (3-8) 进行估计，汇总估计结果可以用表 3-7 表示。

表 3-7 长期财富作用

$$\partial C_{t+1} = \gamma + \chi \partial C_t + \xi_{t+1} \quad MPC_n^{LR} = \frac{\alpha_n}{\chi(1-\chi)}$$

$E_{t+1}\partial C_t$ 预测变量	消费增长系数 χ 估计	长期总财富作用	长期股票财富作用	长期房地产财富作用
W	0.69(0.24)	0.059	0	0
W, income, rint	0.76(0.17)	0.057	0	0
W^S, W^N	0.43(0.21)	0	0.066	0.051
W^S, W^N, income, rint	0.67(0.16)	0	0.061	0.049

资料来源：根据搜房网-中国指数研究院 2000—2020 年城市数据库和宏观数据库的季度数据计算得到。

由表 3-7 第一列的结果可知，考察的所有模型、数据均显著，且加入利率和收入作为解释变量之后，对消费增长的解释力变强了。在区分股票财富和房产财富的基础上，着重考虑了习惯性消费下的长期财富作用。其中，工具变量的筛选标准是对 ∂C 有合理的预测能力，设 $R^2 \geq 0.1$，然后通过估计得到一个显著的 χ 系数估计量。这个 χ 系数估计量越大越好，表明习惯性消费是实际存在的。

第三行表示在区分了股票财富和房产财富作用以后，习惯性消费模型的财富作用考量。此时房产财富能得到正的长期财富作用 MPC^{LR}，约为 0.051。这一系数要低于欧美的平均水平，但是，区别于一般国内基于宏观数据协整性模型的研究结果，这个系数是正的。可能是因为房地产是以一种变现困难、交易不那么频繁的财富，而消费又受到过去消费水平的影响，所以在短期，房产消费作用看上去是负的。这意味着，消费者为了投资房产而进行储蓄，从而挤出了一般消费。但在长期，房产给人带来的正的财富作用就显现了出来。

为什么股票财富作用高于房产财富呢？理论上讲，不能证明是否房产或者股票有更大的财富作用。股票作为一种流动资产，如果持有量较多，变现交易方便，则有利于平滑消费，而房子交易成本高，难于变现，平滑消费相对困难。因此，当股票和房产总价值同样发生波动的情况下，消费可能对流动资产股票的冲击有更大的反应。股票的财富作用更强。此外，财富分布也可能会影响长期财富作用 MPC^{LR} 的估计。传统上，经济理论、实验数据和一般逻辑都会认为富人的财富作用更小。而国内有相当数量的研究认为，富人的房产持有更多。因此总的房产财富作用会表现出小于中位数代表性消费者财富作用的水平。此外，我国的消费者可能会认为房地产的价格增长更加稳定可信，房产是一种生活必需品（存在"刚性需求"一说）。不管是否能够用经济方法解释得通，这种考虑也可能会使更多的相对不那么具备购买条件的消费者努力挤出一般消费,购买房产,房产的正面财富作用被抵消,负面表现显得更大。

(三)模型方法创新优势、政策含义与可进一步改进之处

1. 财富作用研究方法的创新优势

Case 和 Shiller(2003)用 1975 年以来的年度面板数据估计了发达国家和美国各个州的财富作用,发现房地产具有明显的正的财富作用,在 0.03~0.04,高度显著。而股票市场的财富作用系数不显著,且明显小于房地产财富作用系数。

国际货币基金组织的 Ludwig 和 Slok(2004)采用 16 个国家的面板数据进行估计,发现股票的财富作用更大,且增长速度大于房产的财富作用的增长速度。Girouard(2001)认为不同国家房产财富作用的估计结果可能是不一致的。Dvornak(2003)采用澳大利亚省级水平的数据证明股票财富作用更大。

但是需要注意,宏观水平或者省级水平的数据计算出的结果也许并不可信。这是因为,资产价格的改变是外生波动的,受到一系列因素的影响,这些因素也会对消费产生影响。比如一些宏观要素,收入、利率等。房价取决于中长期家庭购买力,股价则与公司盈利水平有关,而二者都与宏观经济形势密切相关。比如,Aron(2006)使用英国和南非数据计算财富作用,就是利用信贷市场自由度作为控制变量。

为了区分房产财富作用,可能需要一些微观数据,比如,某处特定房产、社区可能突然通了地铁,或者发生了水污染。

Disney(2002)从微观入手,利用英国乡村水平的房价数据,发现在近期房价上涨的情况下,房产财富作用在 0.09~0.14(这个数字非常惊人)。Compell(2006)采用英国的居民消费和乡村级别房价数据,发现对于老年房产所有者,房价和消费的弹性约为 1.7,但是对年轻的租户,财富作用则不显著。

总的来说,英美数据的研究结果,房产财富作用的宏观和微观结果是比较一致的,三年左右中长期房产财富 MPC 大概在 0.04~0.10。

我国对房产财富作用的研究是近年才开始的。比较经典的有沈悦和刘洪玉(2006)直接使用年度城市层面的消费、房价、收入、上证综指等数据估计财富作用约为-0.06。刘丽(2008)以 2003—2007 年广州地区房地产市场月度数据证明,房地产价格会引发消费下降。周建军(2008)基于 1998—2006 年的数据对中国房地产财富作用的宏观分析表明,财富作用是负数。韩瑾(2010)采用杭州市季度数据,使用协整性方法证明,房地产的财富作用约为-0.14。

协整性方法中具有很强的前提假设,在引入习惯性消费方法之后,被规避掉了。过去的协整性方法一般是采用 log 形式的消费、劳动收入和财富水平,消费者跨期预算约束的 log 线性约等式来源于 Campell 和 Mankiw(1989),如公式(3-9)所示:

$$\log C_t - \frac{\Gamma}{\Psi}\log Y_t - (1 - \frac{\Gamma}{\Psi})\log W_t$$

$$= \sum_{i=1}^{\infty} \gamma^i (\frac{\Gamma}{\Psi}\Delta\log Y_{t+i} - \Delta\log C_{t+i} + (1 - \frac{\Gamma}{\Psi})r_{t+i}) \quad (3-9)$$

公式(3-9)表示的意义是：用消费改变减去劳动收入改变，减去财富持有改变，等于加总的下期收入改变减去消费改变，再加上 γ 的作用。其中 C 代表消费，Y 是劳动收入，W 是财富持有。$\log\frac{C}{W}$ 是稳态消费财富比的 log 形式，则 $\gamma = 1-\exp[\log(\frac{C}{W})]$ 意味着稳态的储蓄-财富比，也即 $(1-\frac{\Gamma}{\psi})$ 表示实体经济投资的稳态储蓄率。

公式(3-9)通常被定义为没有选择性偏好的关系式，因为它直接来源于预算约束，理论限制比较少。Lettau 和 Ludvigson（2004 年）证明了这个问题。但是，除非所有的经济变量都不变，公式(3-9)并不一定存在一个稳态的 γ。

传统的协整性方法通常假设这个稳态是存在的，即消费、收入、财富存在一个长期的稳态关系，且假设消费增长只取决于前期消费增长和前期收入、财富水平。但实际上，任何宏观模型长期的消费收入和财富的关系都要和稳态的利率、产出增长率、人口增长率、城市化率、税收和其他变量联系起来。如果这些变量中有一个或几个发生改变，则希望从收入、财富、消费中找到一个稳定的协整性关系就存在问题了。

因此，协整性回归(3-9)的误差修正模型如公式(3-10)所示：

$$\Delta \log C_t = \nu_c + \alpha_c(ec_{t-1}) + sr_{t-1} + e_t \qquad (3-10)$$

其中，ec_{t-1}表示长期偏误（协整性残差），sr_{t-1}是一个短期调整项。但是，考虑到流动性约束和消费者偏好，公式(3-10)又可能犯了存在遗漏变量的错误。

2. 可改进之处与政策建议

本书采用习惯性消费模型和微观数据，对我国住宅房地产和股票的财富作用进行了估计。研究表明，在使用微观数据、考虑习惯性消费的条件下，房价波动对消费支出存在较大的正的财富作用。短期内，房地产的财富作用可能是负的，但是考虑习惯性消费之后，住宅房地产的长期财富作用能够达到正0.05，即房产财富每增加100元，由此带来的消费增加5元。这与世界上大多数国家的情况吻合。与国内近期的一些研究结果相一致，本书发现，短期的房产的财富作用要比股票的财富作用小，这可能是因为房地产的购买需要挤出较多的个人消费，且变现较为困难。由于本书的股票财富数据获得不够完善，利率采用的是宏观数据，微观数据样本自身的问题局限等，在股票和房地产哪一种财富作用更大的问题上，尚无法得到确凿的结论。

根据本书的研究结果，我们认为，房地产市场和宏观经济政策制定的过程中确实需要关注房地产的财富作用。考虑到房地产财富作用的滞后，有足够的时间让政策制定者做出合适的反应，因此没必要对房地产挤出一般消费的问题过分担忧。在利率政策问题上，本书的结论支持利率要对房地产市场波动作出反应,且要区别于股票市场来对待,可以对房地产相关部门和消费者信贷实施独立的利率体系。在股票市场相对不佳的情况下,2009年以来支撑消费增长的,很可能是前一段时期的房地产市场的兴旺。但是考虑到房地产市场财富作用的缘故,也要警惕房地产市场泡沫破灭可能导致实体经济受到拖累。

三、股票市场与房地产市场的互动关系:基于股票月流通值和房地产月销售额的协整性估计

房地产是一种特殊的商品,同时具有消费品和投资品的属性。在考察其投资属性时,有必要对房地产市场与一般风险投资品市场,即股票市场的互动关系进行研究。简单地说,对于一般消费者而言,房地产和股票都属于常见的投资方式,互相具有一定程度上的可替代性。根据前面的研究可以知道,我国的股票总市值对一般消费具有正的财富作用,房地产总市值在长期和微观数据层面具有正的财富作用。过去常见的相关研究是基于上证综指和房价指数之间的比较,或者直接比较成交量。但是,耿中原等(2006)指出:股票指数是一种相对指标,房地产销售价格是绝对指标,两者不存在可比性。股票指数与房价指数直接相比较也不恰当,因为这两种指数的编制方法不同。房地产的交易量是房地产存量的净流入净增加,而股票市场交易量包括净增加量和净减少量,二者意义不同,不能直接比较。因此,本书选用了股票月流通总市值(s)、房地产市场

月销售额(h)两组数据进行比较。股票月流通总市值数据来源于万得资讯 2000 年 1 月至 2021 年 6 月的月度数据，房地产市场月销售额数据来源于搜房网－中国指数研究院城市数据库 2000 年 1 月至 2020 年 6 月的月度数据。简单对比结果发现，1998—2004 年，我国房地产市场和股票市场流通量之间基本呈现负相关，说明我国居民在股票市场和房地产市场的投资行为具有明显的替代作用。2005—2008 年，我国房地产市场和股票市场的交易量呈现双双上涨的趋势，伴随着较为剧烈的波动，这期间财富作用和信贷扩张的影响起着较为重要的作用；2008 年以后，两个市场又基本恢复了替代的关系。

简单回归可以知道，房地产月销售额和上证 A 股月流通市值具有很强的相关性，相关系数高达 0.8926。下面采用 VaR 方法对股票市场、房地产市场互动关系进行进一步探讨。过程如下：

首先，在分析时间序列之前，要对时间序列变量进行单位根检验，以保证数据的平稳性。在表 3-8 中，检验结果表明，股票市场月流通市值(s)、商品房月销售额(h)和 GDP 的对数形式，在 5% 的显著性水平上，三者的 ADF 统计量均大于临界值，都不是平稳序列。但是经过一阶差分之后，三者的 ADF 统计量小于临界值，$\Delta LnGDP$、ΔLns 和 ΔLnh 均为平稳数列。

表 3-8 变量的平稳性检验

变量名称	ADF 统计量	临界值	平稳性
LnGDP	0.9269	−0.4611	不平稳
Lns	−1.8932	−2.5625	不平稳
Lnh	−1.3849	−3.5160	不平稳
ΔLnGDP	−7.9538	−2.2863	平稳
ΔLns	−3.5654	−2.8372	平稳
ΔLnh	−7.0466	−2.2364	平稳

资料来源：万得资讯(2000年1月至2020年6月)；搜房网-中国指数研究院城市数据库(2000年1月至2020年6月)。

对于平稳的时间序列 ΔLnGDP、ΔLns 和 ΔLnh，可以开始进行协整性检验。表 3-9 列示了采用 Johansen 极大似然法检验协整性关系的存在性的检验结果。本书根据拉格朗日乘数检验选择滞后期为 3。在 5% 的显著性水平上，接受协整向量个数为 1 的假设，ΔLnGDP、ΔLns 和 ΔLnh 存在长期稳定的协整性关系。标准的协整方程结果表明，房地产月销售额变动对 GDP 变动的影响作用较为明显。房地产月销售额变动 Lnh 每增加 1%，LnGDP 同步增加 2.7214%，房地产市场对经济发展具有较为明显的正面作用。LnGDP 与 Lns 具有微弱的负相关，股票月流通市值变动每增加 1%，LnGDP 相应减少 0.02031%，股票月流通值在一定程度上对经济发展具有负面作用。

表 3-9　Johansen 协整性检验

零假设 H0	特征值	迹统计量	P 值
无协整向量	0.8769	114.3912	0.4522
至少一个协整向量	0.3162	20.2408	0.1265
至少两个协整向量	0.1213	5.6129	0.2519
标准化的协整方程			
LnGDP	Lnh	Lns	C
1	2.7214	−0.02031	7.3896
Log likelihood：273.4217			

资料来源：万得资讯（2000年1月至2020年6月）；搜房网-中国指数研究院城市数据库（2000年1月至2020年6月）。

确定存在协整性关系之后，就可以建立向量误差修正模型，模型结果在表 3-10 中列示。由表 3-10 可以知道，被解释变量 LnGDP 的波动原因有二：第一，ΔLns 和 ΔLnh 短期波动的负面作用，其中房地产销售额对房价短期波动对 GDP 三阶段作用之和为 −1.849−1.398−2.328 = −5.575，而股票月流通市值的总弹性为 −0.128−1.499−1.238 = −2.737；第二，考虑到误差修正系数 0.8314 在 5% 的水平上显著，被解释变量 LnGDP 的波动可能是 ΔLnh 长期均衡作用的结果。

表 3-10　向量误差修正模型

变量	滞后期	ΔLnGDP	ΔLnh	ΔLns
ΔLnGDP		−0.327	0.143	−0.984
ΔLnh	1	−1.849	1.154	1.034
ΔLns		−0.128	0.059	0.028

续表

变量	滞后期	ΔLnGDP	ΔLnh	ΔLns
ΔLnGDP	2	−1.583	1.413	−0.4
ΔLnh		−1.398	1.357	−1.2
ΔLns		−1.499	1.224	0.363
ΔLnGDP	3	−3.649	2.2459	3.769
ΔLnh		−2.328	1.916	1.839
ΔLns		−1.238	0.981	0.582
ECM	1	0.8314	0.4755	0.9864
		(7.3282)	(4.3296)	(0.7622)
Adjust R^2		0.9661	0.9021	0.6927
F 统计量		22.7264	0.5966	0.7083

资料来源：万得资讯(2000年1月至2020年6月)；搜房网中国指数研究院-城市数据(2000年1月至2020年6月)。

格兰杰因果关系检验要求使用平稳数据，否则会导致 F 检验无效，结论缺少信度。之前已经证明，三个变量之间存在稳定的协整性关系，下一步用 X-11 方法消除季节性因素和随机性因素。得到股票月流通值、房屋月销售额和 GDP 差分后的平稳时间序列，就可以进行格兰杰因果关系检验，检验结果表明：股票月流通总值和房屋月销售额之间不存在格兰杰因果关系。格兰杰因果关系检验的结果在表 3-11 中列示。

表 3-11 格兰杰因果关系检验的结果

变量	H0	F 值
房屋月销售额 ΔLnh 与股票月流通总值 ΔLns	ΔLnh ≠> ΔLns	0.2427
	ΔLns ≠> ΔLnh	0.4205

续表

变量	H0	F 值
ΔLnGDP 与股票月流通总值 ΔLns	ΔLnGDP ≠> ΔLns	1.4195
	ΔLns ≠> ΔLnGDP	0.4932
ΔLnGDP 与房屋月销售额 ΔLnh	ΔLnGDP ≠> ΔLnh	0.0302
	ΔLnh ≠> ΔLnGDP	0.00625

资料来源：万得资讯 2000 年 1 月至 2021 年 6 月的月度数据。

通过以上估计过程可知：股票流通量波动对 GDP 波动的短期影响弹性为 3.854；房屋价格波动对 GDP 波动的短期影响弹性为 5.575。误差修正模型的修正系数为 0.8314，即当短期波动偏离均衡时，以 0.8314 的力度回调。格兰杰因果关系检验的结果是：从数据上看，房屋月销售额与股票月流通值取对数后存在对数相关，房屋销售波动是股票流通值波动的格兰杰原因，股票流通值波动不是房屋销售波动的原因。与国内的很多研究结果并不相同，这意味着国家对虚拟经济的调整，在一定条件下可能不会引起实体经济的直接变化。可能是国家为调控宏观经济，货币和财政政策经常针对房地产市场进行调控，由于房地产市场的生产环节较多，产业链较长，在长期会对股票市场产生作用。

四、金融信贷政策对房地产价格的影响评估

（一）房地产金融信贷规模、利率与房地产投资规模

由于住宅房地产的总价值相对于居民收入而言十分昂贵，

第三章 我国房地产市场与宏观经济变量的互动关系研究

住房抵押贷款是消费者购买房产选择的主要方式。随着房价日益上涨，商品房住房抵押贷款逐步成为居民购房的重要工具。抵押贷款一般为5~30年到期，按照政策，部分居民可以享受利率和首付比率等方面的优惠。图3-4首先列示了我国银行长期发行在外抵押贷款余额和新增额的变化，其次列示了银行

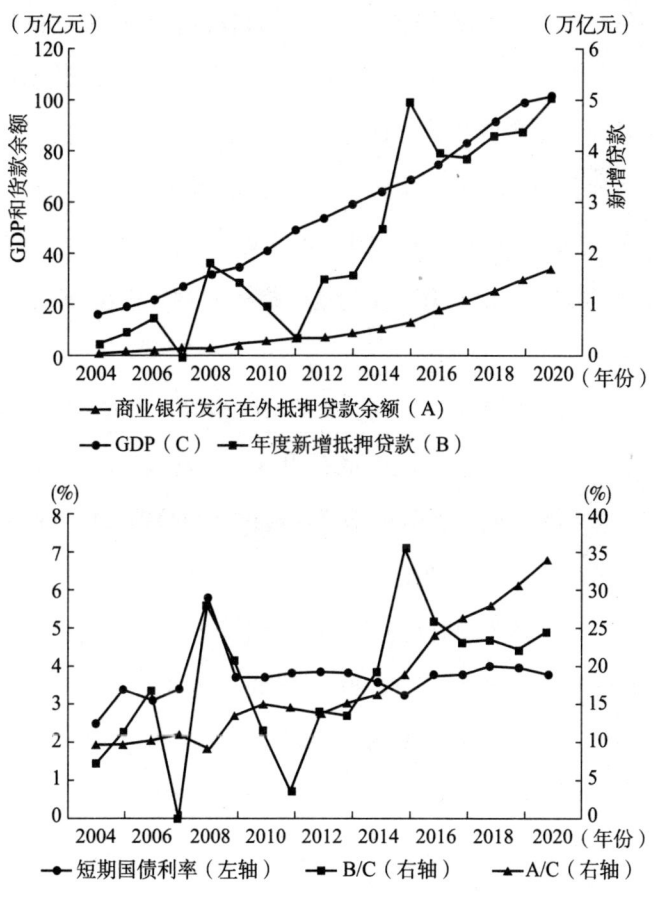

图3-4 住房抵押贷款余额、新增额、利率与GDP

资料来源：中国国家统计局《中国统计年鉴》(2004—2020年)。

长期住房抵押贷款占 GDP 比例与短期国债利率的同向运动趋势。图 3-4 中用 A 表示商业银行发行在外抵押贷款余额，B 表示年度新增抵押贷款，C 表示 GDP，A/C 表示抵押贷款余额/GDP，B/C 表示新增抵押贷款/GDP。

由图 3-4 可知，近年来我国抵押贷款总规模迅速上升，市场急剧扩大。根据 2004—2020 年的数据，抵押贷款余额占 GDP 比重平均从 9.8% 上升到 33.9%，考虑部分年度数据还包括了其他长期消费贷款，所以这一指标实际上被高估了。然而，目前我国的这一指标水平比起发达国家还是要低得多。欧盟 2020 年抵押贷款规模占 GDP 的平均比例为 37%（欧洲央行 2020 年数据），美国 2020 年的这一指标为 44%（世界银行 2020 年数据）。

与美国和欧洲一些发达国家的情况相似，我国房地产市场资本的变动对一般消费性信贷有明显的财富效应。自 2000 年以来，低利率和快速扩张的信贷规模被认为是助长房价飙升的一个重要的因素。在 2011 年以前，我国的平均住房抵押贷款利率在 5%~11%，部分消费者可以获得七折利率优惠。利率在 2001 年降至 8.2%，到 2003 年低至 6.3%。这一数据在 2013—2015 年、2017—2019 年均处于相对低位。图 3-5 和图 3-6 分别表示了短期消费信贷与房地产市场资本总存量之间的变动关系，可以观察出，房产资本总存量与消费信贷规模有明显的正向作用。

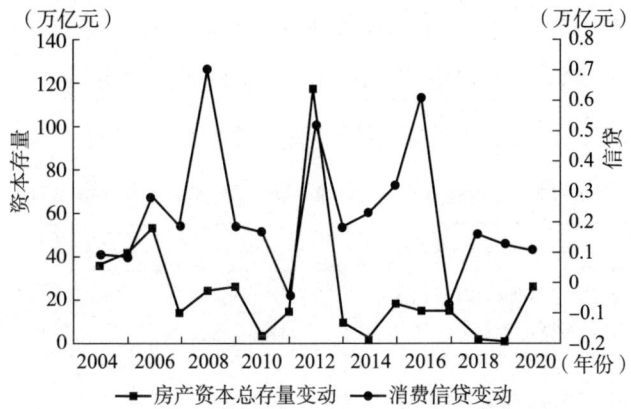

图 3-5 社会房产资本总存量与消费信贷变动

资料来源：中国国家统计局《中国统计年鉴》（2004—2020 年）。

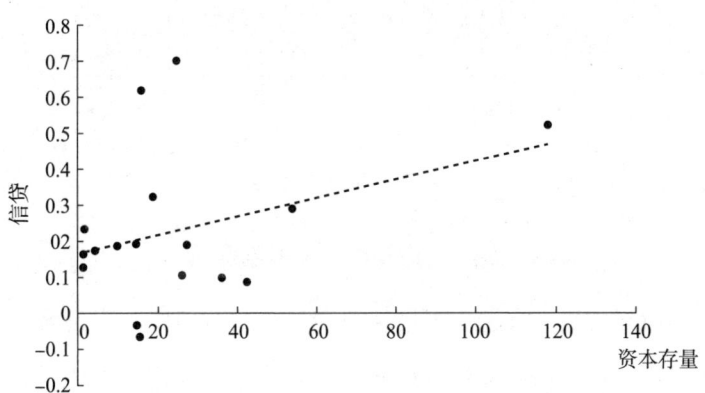

图 3-6 房地产市场资本总存量变动与消费信贷变动

资料来源：根据中国国家统计局《中国统计年鉴》（2004—2020 年）统计数据计算得到。

下面根据北京市 2000—2020 年的季度数据，采用格兰杰因果关系检验的方法，对消费信贷和住宅房地产资本总存量、房价指数的因果关系进行考察。结果表明：北京市的消费性信贷的百分比变动不是房地产市场资本总存量和房价的格兰杰原因而是结果；北京市的商业银行房贷总余额的百分比变动与住宅房地产市场的资本存量互为格兰杰因果。具体检验结果如表 3-12 所示。

表 3-12 消费信贷和房价之间的格兰杰因果关系检验结果

变量	零假设	P 值
北京市消费性信贷(LnCL)和 北京市房地产市场资本存量(LnHC)	LnCL≠>LnHC	0.12693
	LnHC≠>LnCL	0.003111
北京市消费性信贷(LnCL)和房价(LnQ)	LnCL≠>LnQ	0.15653
	LnQ≠>LnCL	0.06201
北京市商业银行房贷余额(LnHL)和 北京市房地产市场资本存量(LnHC)	LnHL≠>LnHC	0.000803
	LnHC≠>LnHL	0.000803
北京市商业银行房贷余额(LnHL)和 北京市房价(LnQ)	LnHL≠>LnQ	0.004515
	LnQ≠>LnHL	0.021473

资料来源：中国人民银行(www.pbc.gov.cn)、北京市统计局(www.bjstats.gov.cn)网站和搜房网-中国指数研究院公布的 2000 年至 2020 年的季度数据。季度数据缺失的部分采用当年年度数据按比例折分，滞后阶数选择为一阶。

（二）房地产金融信贷规模、利率与房价

由于房地产市场在国民经济中具有重要地位和广泛影响，所以房地产市场投资和价格波动也成了央行制定和实施金融、利率、货币政策所要考虑的重要因素之一。2008 年，由美国次贷危机进一步引发的全球金融危机，使全世界的央行重新审视货币政策、房地产市场以及实体经济之间的关系。在我国，货币政策是会相机对房地产市场做出反应的。针对 2015 年以来投资投机需求过剩和房地产价格持续快速增长的问题，中国人民银行做出了提高房贷利率、提高首付率、减少公积金利率

和首付率优惠、提高存款准备金率等决策。这部分主要考察的变量包括 GDP、抵押信贷规模 D、利率 R、房价 Q、通货膨胀 CPI。下面使用 2000—2020 年的全国房价与货币供给 M2、通货膨胀 CPI、利率和信贷规模 D 的季度(月度调整)数据，采用格兰杰因果关系检验方法，简单探讨了我国的金融信贷政策与住宅房地产价格的互动关系。

1. **房地产金融信贷总额与房价的互动关系**

首先考察 GDP、房地产金融信贷总额 D、CPI 和房价 Q 的关系。这部分的数据包括了 2000—2020 年中国统计年鉴和国研网统计数据库公布的季度数据。

对模型进行平稳性检验，检验结果如表 3-13，结果说明，LnGDP、LnD、LnQ、LnCPI 均为一阶单整序列，调整后的 ΔLnGDP、ΔLnD、ΔLnQ、ΔLnCPI 均为平稳序列。下面就可以根据 ΔLnGDP、ΔLnD、ΔLnQ、ΔLnCPI 建立 VaR 模型。

表 3-13 平稳性检验结果

变量	ADF	P 值	滞后阶数	平稳性
LnGDP	-1.9873	0.5972	1	不平稳
LnQ	-1.9588	0.6013	1	不平稳
LnCPI	-1.4219	0.5272	4	不平稳
LnD	-1.3270	0.5849	3	不平稳
ΔLnGDP	-9.2034	0.0000	0	平稳
ΔLnD	-8.0142	0.0000	2	平稳
ΔLnQ	-10.0567	0.0000	0	平稳
ΔLnCPI	-2.5056	0.0003	3	平稳

建立 VaR 模型的第一步是选择模型滞后阶数（如表 3-14 所示）。滞后阶数过大可能会导致自由度较小，参数估计有效性要求不能满足；滞后阶数选择过小又会导致误差自相关，一致性无法保证。可以根据 LR、AIC 和 SC 标准选择滞后阶数。统计结果显示：LR、AIC 准则支持二阶滞后，SC 准则显示为一阶滞后。本书选择二阶滞后。因为二阶滞后的 VaR 模型不存在大于 1 的单位根，回归残差不存在自相关和异方差，模型是一个平稳系统，比较合理。下面可以进行协整性检验。

表 3-14　VaR 模型滞后阶数选择表

滞后阶数	对数似然函数	LR	AIC	SC
0	93.0622	—	-4.4011	-4.1824
1	223.7806	280.0310	-11.6223	-11.7679
2	267.4729	44.1266	-12.9751	-10.9628
3	296.9560	21.1496	-12.1297	-9.6704

协整性的定义是，如果一组非平稳时间序列互相之间一直存在一个平稳的线性组合，则协整性存在，这个线性组合成为协整方程，表示了变量间长期稳态的关系。通过计算迹统计量方法进行协整性检验，结果表明，模型中至少有一个协整向量。迹统计量检验结果如表 3-15 所示。

表 3-15　迹统计量检验结果

H0	特征根	迹统计量	P 值
没有协整向量	0.5638	49.6728	0.0032
至少一个协整向量	0.1454	19.3651	0.2209
至少两个协整向量	0.1328	2.1667	0.1602
至少三个协整向量	0.0243	1.3617	0.1294

由于以上非平稳变量的协整关系存在，因此，可以建立相应的误差修正模型。误差修正模型调整系数的估计结果如表 3-16 所示，可以发现：ΔLnGDP 和 ΔLnCPI 的系数小于 0，因此调整方向符合误差修正模型。ΔLnGDP 的系数显著，表明误差修正模型较为稳定，存在长期趋势；房价、信贷总额和 CPI 对 GDP 在长期和短期都有较为明显的影响；房价、信贷总额的误差修正系数大于 0，因此面对大的短期冲击，不能有效迅速地回调，可能要长期调整才能达到均衡。

表 3-16　误差修正模型表

变量	调整系数	标准差	T 统计量
ΔLnGDP	-0.2453	0.1196	-1.9613
ΔLnQ	0.6799	0.1667	4.9827
ΔLnCPI	-0.03244	0.0314	-1.0844
ΔLnD	15.56	2.805	5.9861

格兰杰因果关系检验结果表明：房地产价格是住房抵押贷款总额的结果而不是原因；CPI 与房价具有双向格兰杰因果关系。在实际经济运行中，因为房地产具有一定的生产周期，房地产供给在短期内是基本固定的。因此房地产市场的需求方在短期发生变化，比如，面临通货膨胀、信贷扩张会改变房地产市场的总需求，房价随之改变。而房价上升，消费者会要求更高的工资，金融资本要求更高的回报率，可能会导致新一轮的通货膨胀。因此，格兰杰因果关系检验结果显示：信贷规模对房价具有一定的作用，而通货膨胀与房价具有双向因果关系。

格兰杰因果关系检验结果如表 3-17 所示。

表 3-17　格兰杰因果关系检验结果

变量	H0	P 值
房价 LnQ 与通胀 LnCPI	LnCPI≠>LnQ	0.04111
	LnQ≠>LnCPI	0.01286
房价 LnQ 与抵押贷款总余额 LnD	LnD≠>LnQ	0.005397
	LnQ≠>LnD	0.01310

资料来源：此部分主要使用中国人民银行（www.pbc.gov.cn）、中国国家统计局（www.stats.gov.cn）网站公布的 2000 年至 2021 年的季度、月度数据。季度数据缺失的部分采用当年年度数据按比例折分补齐。滞后阶数选择使用赤池信息准则 AIC 和施瓦茨准则 SC。

2. 住房抵押贷款利率与房价的互动关系

下面考察 GDP、住房抵押贷款利率 R、CPI 和房价 Q 的关系。这部分的估计结果主要是基于 2000 年 1 月至 2021 年 6 月《中国统计年鉴》和国研网统计数据库公布的季度数据。根据 LR 准则和 SC 准则，选择滞后阶数为 2，迹统计量结果表示存在 2 个协整性向量，因此，变量之间存在长期的协整关系。协整性检验的结果如表 3-18 所示。

表 3-18　协整性检验的结果

H0	特征根	迹统计量	P 值
没有协整向量	0.4603	79.0625	0.0032
至少一个协整向量	0.3391	43.3321	0.0891
至少两个协整向量	0.3028	20.1572	0.2305
至少三个协整向量	0.2243	7.9046	0.1268

第三章 我国房地产市场与宏观经济变量的互动关系研究

由于以上非平稳变量的协整关系存在,因此可以建立相应的误差修正模型。观察误差修正模型调整系数的估计结果,可以发现:四个调整系数均小于0,调整方向合理;ΔLnGDP的系数显著,表明误差修正模型较为稳定,存在长期趋势;房价、抵押贷款利率和CPI对GDP在长期和短期都有较为明显的影响。误差修正模型调整系数的估计结果如表3-19所示。

表3-19 误差修正模型表

变量	调整系数	标准差	t统计量
ΔLnGDP	−0.7928	0.1607	4.060
ΔLnQ	−1.9724	0.4729	2.089
ΔLnCPI	−0.1016	0.6038	0.192
ΔLnR	−0.2589	0.1024	4.137

格兰杰因果关系检验结果表明:房地产价格是住房抵押贷款利率的结果而不是原因。在实际经济运行中,房地产市场的需求方在短期面临利率变动时,其支付能力和购买成本改变,进而房地产市场的总需求改变,房价随之改变。而房价上升对银行住房抵押贷款利率没有明显的作用。格兰杰因果关系检验结果如表3-20所示。

表3-20 格兰杰因果关系检验结果

变量	H0	P值
房价LnQ与住房抵押贷款利率LnR	LnR≠>LnQ	0.00472
	LnQ≠>LnR	0.05094

资料来源:此部分主要使用中国人民银行(www.pbc.gov.cn)、中国国家统计局(www.stats.gov.cn)网站公布的2000年1月至2021年6月的季度、月度数据,季度数据缺失的部分采用当年年度数据按比例折分补齐。滞后阶数选择使用赤池信息准则AIC和施瓦茨准则SC。

五、房价泡沫检测:基于 Youngblood 方法

常见的判定房价泡沫的标准是价租比,类似于股票市场的市盈率。房地产作为一种投资品,其价格应该基于它带来的未来收益贴现。房地产资本投资的未来收益,取决于当期租金水平、租金上涨速度。如果实际房价与价租比决定的均衡房价背离过多,则可以认为存在泡沫。

采用 Youngblood(2003)的方法,在 2000—2020 年搜房网-中国指数研究院、国家统计局、北京市统计局、上海市统计局、中国城市统计年鉴公布的季度数据基础上,检验我国的房地产市场是否存在泡沫,并确定存在泡沫的时期。Youngblood(2003)检验房价泡沫的方法,是采用中位数住宅房地产单套价格和中位数人均年收入的比值(房价收入比)换算成季度数据作为观测对象,比较这一数据和长期均衡的(也可以使用移动平均水平的)房价收入比之间的偏差,一旦偏差过大(超过标准差一定比率),便超出临界值,则定义相应时期为泡沫时期。基于前面论述,采用房价收入比作为核心变量,做房价泡沫的 Youngblood 检验。结果如表 3-21 所示。

第三章 我国房地产市场与宏观经济变量的互动关系研究

表 3-21 房价泡沫的 Youngblood 检验结果

地区	类别	均值	STD	CV	临界值	超过临界值时期（存在泡沫）
北京	全部	11.146	2.929	0.283	14.075	2003Q4-2005Q3；2006Q4-2008Q2；2009Q3-2010Q3
北京	新房	12.240	2.749	0.330	14.989	2014Q1-2015Q1；2011Q2-2012Q2；2014Q2-2015Q3；2017Q1-2017Q3
上海	全部	12.298	2.457	0.196	14.755	2003Q4-2005Q3；2006Q3-2008Q4；2009Q3-2010Q3
上海	新房	13.764	2.046	0.393	15.810	2014Q1-2015Q1；2011Q2-2012Q2；2017Q1-2018Q2
深圳	全部	14.397	2.302	0.267	16.699	2003Q3-2005Q4；2006Q3-2008Q1；2009Q3-2010Q4
深圳	新房	15.462	2.667	0.324	18.129	2011Q2-2012Q2；2014Q2-2015Q3；2017Q1-2017Q3
全国	全部	9.843	2.331	0.319	12.174	2003Q2-2005Q3；2006Q2-2008Q4；2009Q3-2010Q4
全国	新房	9.780	2.654	0.367	12.434	2014Q1-2015Q1；2011Q2-2012Q2；2014Q2-2015Q3；2017Q1-2017Q3

资料来源：根据国家统计局（www.stats.gov.cn）、《中国城市统计年鉴》、北京市统计局（www.bjstats.gov.cn）、上海市统计局（www.stats-sh.gov.cn）和搜房网-中国指数研究院公布的 2000—2021 年的季度数据，计算出房价收入比季度数据，没有公布季度数据的，采用月度数据合并计算，或者采用年度数据按比例拆分补齐。

由表 3-21 可以看出：近年来全国房价收入比的平均水平为 9.843，新房市场略高于总的水平为 9.780；北京、上海、深圳的房价收入比水平明显高于全国水平；新房市场的房价收入入比水平高于全部房地产市场的房价收入比水平；2003—2005年、2006—2008年、2009—2010年、2011—2012年、2014—2015年和2017年，以上这些阶段全国和各个城市均先后出现了房价收入比的过高、过快增长，可以定义为房地产的泡沫时期。

六、我国住宅房地产市场发展与我国房地产调控政策

1998年是我国房地产市场化改革的开端年。国务院公布并实施了《国务院关于进一步深化城镇住房制度改革加快住房建设的通知》（国发〔1998〕23号，以下简称23号文件），取消福利分房，住房商品化、市场化。中国住房制度改革从此拉开序幕。在福利房取消、单位房取消的同时，我国国民经济快速发展，人均收入显著增加，人口进一步增长，区域城市化发展加速，带来了前所未有的房地产市场需求。

1999—2003年，我国的住宅房地产市场价格与交易量平稳上升，略有波动。2003年8月12日，中国住房和城乡建设部起草了《关于促进房地产市场持续健康发展的通知》（国发〔2003〕18号，以下简称18号文件），将原有23号文件中"经济适用房是住房供应的主题"改为了"经济适用房是具有保障性质的政策性商品住房"。这一文件对此后的保证性住房市场具有深远影响。

从2004年开始，我国住宅房地产市场量价齐升，进入了长达四年的快速上涨阶段，部分城市的住房价格过高过快上

涨,甚至出现了房价泡沫。2004 年 30 个主要城市的住宅房地产价格同比增幅为 18%,2007 年 30 个主要城市同比增幅为 17%,2008 年受全球金融危机影响,同比增幅下降到 10%,2009 年住宅房地产价格发生报复性上涨,涨幅高达 25%。其中,北京、上海、广州、深圳四地的住宅房地产价格年均增幅都在 20%以上,远远超过这些城市的人均 GDP 和人均收入水平的增长速度。

为了控制房价空前快速的增长,国家采用多种政策手段,出台了一系列控制宏观经济变量的政策和针对房地产行业、银行业等相关行业的限制性政策,主要针对投资、投机需求,进行集中打击。2007 年 9 月 27 日,中国人民银行、中国银监会下发了《关于加强商业性房地产信贷管理的通知》。该通知要求,"对购买首套自住房且套型建筑面积在 90 平方米以下的,贷款首付比例不得低于 20%;对购买首套自住房且套型建筑面积在 90 平方米以上的,贷款首付比例不得低于 30%;对已利用贷款购买住房,同时申请购买第二套以上住房的,贷款首付款比例不得低于 40%"。以上政策主要是通过提高第二套房首付比例和贷款利率,增加投资、投机性购房需求者的金融信贷管制和交易成本,以限制个人投资者利用银行信贷杠杆投机、投资于房地产。此外,为了控制和预防流动性过剩,2007 年中国人民银行先后十次上调存款准备金率。2008 年上半年,中国人民银行又连续三次上调存款类金融机构人民币存款准备金率,前后累计达到 16%。2007 年美国次贷危机爆发,随后引致的全球金融危机对中国房地产市场产生了一定程度的冲击，房地产市场价格和交易量增长双双停滞，甚至开始下滑，宏观经济形势走低。为了预防经济萎缩，保证国民经济健康稳定发展，2008年下半年，我国对房地产市场的调节政策有所放松，各地方政府陆续开始出台救市政策，包括上调住房公积金贷款额度，发放购房补贴，降低地方房地产行业贷款发放门槛等。2008年9月15日，中国人民银行下调人民币贷款基准利率和中小金融机构人民币存款准备金率。2008年11月1日，我国将个人首次购买90平方米及以下普通住房的契税税率下调到1%。因为住房市场需求仍然较为旺盛，政策效果十分明显，2009年我国72个大中城市房地产价格和交易量发生报复性反弹，同比增长甚至超过了2007年的水平。

2009年5月25日，国务院发布《批转发展改革委关于2009年深化经济体制改革工作意见的通知》，提出"要加快推进财税体制改革，建立有利于科学发展的财税体制"并责成财政部、国家税务总局、发展改革委、住房城乡建设部共同负责，深化房地产相关税制改革工作，开始研究试点开征物业税。2009年12月14日，国务院发布"国四条"，2010年1月7日，国务院发布"国十一条"。2010年4月17日国务院为了"坚决遏制部分城市房价过快上涨"，发布《国务院关于坚决遏制部分城市房价过快上涨的通知》(国发〔2010〕10号，以下简称"新国十条")，要求"各地区、各有关部门要切实履行稳定房价和住房保障职责；增加住房有效供给；加快保障性安居工程建设;坚决抑制不合理住房需求;增加居住用地有效供应;加强市场监管"。4月30日,北京率先出台"国十条"实施细则,规定"每户家庭只能新购一套商品房"。9月29日,许多一、二线城市随之陆续推出限制购买政策。限购令的主要内容包括:"中央政府可在住房和城乡建设部指定的40个重点城市统一实施基本限购令:各城市本地户籍与持人才居住证的家庭,最多限拥有两套住房;外地户籍和境外人士最多限拥有一套;两次购房时间需相隔两年以上;禁止公司购房。"限购政策对商品房交易量的影响非常明显,多个城市的交易量基本处于历史较低的水平,局部地区的住宅房地产价格也出现了松动,新房打折降价销售重新出现。

2011年1月18日,对个人住房征收房产税的改革试点工作在重庆和上海拉开帷幕。重庆市规定,对房价达到地区平均价格2~3倍的住宅房地产,按房地产价值的0.5%征收房产税;对于房价达到地区平均价格3~4倍的住宅房地产,按房地产价值的1%征收房产税;对于房价达到地区平均价格4倍以上的住宅房地产,按1.2%的税率征收房产税。上海市以家庭为单位,对当地市民家庭在当地购买第二套及以上的住宅房地产(包括新购的二手存量房和新建商品房)和对非当地市民家庭新购的所有住房征收0.6%的房产税。

2013年2月20日,国务院常务会议确定了五项加强房地产市场调控的政策措施,一般称为"新国五条"。要求进一步落实地方政府房地产市场调控和住房保障职责,完善相关政策措施，加大政府投入和贷款支持力度的同时，严格实施差别化住房信贷、税收政策和住房限购措施，遏制投机投资性购房合理引导住房需求。

自2014年11月起，中国人民银行连续6次降息，5次降低存款准备金率，同时降低住宅房地产抵押贷款首付率。与此同时，财政部发布《关于调整个人住房转让营业税政策的通知》，通知要求，自3月31日起，个人住房转让营业税免征年限由5年恢复至2年。住建部、财政部和央行联合发布《关于切实提高住房公积金使用效率的通知》，推进异地公积金贷款业务。六部委联合发文宣布，自2006年以来首次放松调整房地产市场外资准入和管理政策。受此影响，2015年前三季度，全国50个代表城市住宅成交同比增长近三成，下半年超过了四成。

2017年，国家统计局发布的1月至8月全国房地产开发投资和销售情况显示，房地产业去库存进度加快。8月末，商品房待售面积同比下降12%，降幅比上月末扩大1个百分点，楼市库存创下2015年1月以来的新低。央行加急下发了《中国人民银行办公厅关于做好2017年信贷政策工作的意见》，其中包括了银行适度调整房贷的内容，直指各种风险和泡沫，尤其是楼市。截至年底，全国已有超过45个城市发布140余次调控政策。7月18日，住建部等九部门联合印发《关于在人口净流入的大中城市加快发展住房租赁市场的通知》，将广州、深圳、南京、杭州等12个城市作为首批开展住房租赁改革的试点城市。10月19日，中国共产党第十九次全国代表大会开幕会上，习近平总书记代表十八届中央委员会向大会作报告，在报告中习近平总书记提出坚持房子是用来住的、不是用来炒的定位，加快建立多主体供给、多渠道保障、租购并举的住房制度，让全体人民住有所居。12月8日，中共中央政治局会议分析研究2018年经济工作，提出加快住房制度改革和长效机制建设是明年要着力抓好的一项重点工作。

2019年，中央政治局会议提出，要坚持稳中求进的工作总基调，以供给侧结构性改革为主线，推动高质量发展，要坚持房子是用来住的、不是用来炒的定位，全面落实因城施策，稳地价、稳房价、稳预期的长效管理调控机制，促进房地产市场平稳健康发展；要加大城市困难群众住房保障工作，加强城市更新和存量住房改造提升，做好城镇老旧小区改造，大力发展租赁住房。人民银行发布《存量浮动利率贷款的定价基准转换为LPR》，规定自2020年3月1日起，金融机构应与存量浮动利率贷款客户就定价基准转换条款进行协商，将原合同约定的利率定价方式转换为以LPR为定价基准加点形成（加点可为负值），加点数值在合同剩余期限内固定不变；也可转换为固定利率。

2020年，中央继续坚持"房住不炒、因城施策"的政策主基调，强化落实城市主体责任，实现稳地价、稳房价、稳预期的长期调控目标，促进房地产市场平稳健康发展。2月21日，央行召开2020年金融市场工作会议，要求保持房地产金融政策的连续性、一致性和稳定性，继续"因城施策"落实好房地产长效管理机制，促进市场平稳运行。12月16—18日，中央经济工作会议召开，总结2020年、部署2021年经济工作。会议指出，明年宏观政策要保持连续性、稳定性和可持续性。要继续实施积极的财政政策和稳健的货币政策，保持对经济恢复的必要支持力度，政策操作上要更加精准有效，不急转弯，把握好政策的时效度。解决好大城市住房的突出问题。要坚持房子是用来住的、不是用来炒的定位，因地制宜、多策并举，促进房地产市场平稳健康发展。为抵抗疫情冲击，各地频繁出台房地产相关扶持政策，重点集中在出地出让环节为市场减压、企业纾困，同时在房地产交易环节从供、需两端助力市场复苏。伴随着市场过热，房地产调控政策有所转向，强调不将房地产作为短期刺激经济的手段，行业金融监管持续强化，杭州、沈阳、西安和宁波等多个城市政策加码，主要涉及升级限购、升级限贷、升级限价、升级限售以及增加房地产交易税费等内容，力促市场理性回归。这一阶段各地方政策较为多样，可以概括为这些关键词：房住不炒、扶持、无房家庭、人才新政、购房补贴、公积金贷款、点名约谈、预售金监管、落户门槛放宽、老旧小区改造等。

2021年3月5日，中央政府工作报告提出，坚持房子是用来住的、不是用来炒的定位，稳地价、稳房价、稳预期。解决好大城市住房突出问题，通过增加土地供应、安排专项资金、集中建设等办法，切实增加保障性租赁住房和共有产权住房供给，规范发展长租房市场，降低租赁住房税费负担，尽最大努力帮助新市民、青年人等缓解住房困难。从全年看，房地产行业实行去杠杆，百强规模房企接连出现了债务违约问题，甚至出现破产清算。央行第三季度例会定调"两维护"，政治局会议首提促进房地产业良性循环。22个重点城市开始实行集中供地，从控"名义地价"到控"实际地价"，地方调控高频化、精准化，截至12月20日，全国73个省、市、自治区经历了249次政策加码，其中深圳政策加码多达20次。2021年7月至10月，压力城市政策解绑稳预期，19个城市落地"限跌令"，39个城市通过财税托市。人民银行下调金融机构存款准备金率0.5个百分点，释放长期资金约1.2万亿元，1年期LPR降至3.8%，下调5个基点，5年期以上LPR仍保持4.65%不变。在房地产行业去杠杆的政策大环境下，2021年以来，个别大型房企风险暴露，金融机构对房地产行业的风险偏好明显下降，房企境内融资出现了一致性的收缩行为，企业资金周转压力不断加剧。12月8日，中央经济工作会议提出，要坚持房子是用来住的、不是用来炒的定位，加强预期引导，探索新的发展模式，坚持租购并举，加快发展长租房市场，推进保障性住房建设，支持商品房市场更好地满足购房者的合理住房需求，因城施策促进房地产业良性循环和健康发展。这一期间，地方政府的政策内容，主要涉及升级限购、升级限贷、升级限价、升级限售、增加房地产交易税费、落地二手房参考价、新房积分摇号和强化预售资金监管等方面。

第四章　房地产抵押贷款首付率、
交易成本调整政策的经济作用

模型假设房子是一种可带来效用的资产，不完全流动（可能存在交易税、搬家成本等交易费用），可以用来在银行抵押借贷。消费者采用 OLG 模型，预期总效用受一般消费和房产财富两种因素影响。一般消费者除了参与劳动获得工资收入之外，还持有债券和两种生产部门的股票从而获取债券利息和股票分红。所有收入除了消费之外，用于投资房产、债券和股票。房地产生产部门和一般消费品生产部门拥有自有资本，采用各自部门的技术因子，从消费者那里借入债务，投入资本、劳动，所得收益除了支付利息成本和劳动工资和下一期追加投资外，全部用于股票分红。

一、企业

（一）一般消费品生产部门

一般消费品生产部门在 t 时刻使用该部门的资本 $K_{C,t}$、劳

第四章 房地产抵押贷款首付率、交易成本调整政策的经济作用

动 $N_{C,t}$ 和技术 $Z_{C,t}$ 生产的消费品数量用 $Y_{C,t}$ 表示为：

$$Y_{C,t} \equiv Z_{C,t} K_{C,t}^{\alpha} N_{C,t}^{1-\alpha}$$

用 $K_{C,t}$ 表示一般消费品生产企业的自有资本。$B_{C,t}$ 表示一般消费品部门发行企业债券从普通消费者那里获得资金全部用于追加投资，债券价格用 q_t 表示。ϕ_C 表示一般消费品生产部门资本调整成本比率。则可以用 $\phi_C(B_{C,t}/K_{C,t})K_{C,t}$ 表示一般消费品部门的资本调整成本。β 表示贴现因子，用 Λ 和 β 一起表示跨期贴现因子（见后文的具体讨论）。可以用公式（4-1）表示一般消费品部门生产厂商选择该部门的劳动 $N_{C,t}$ 和借入债务用于追加投资 $B_{C,t}$，最大化预期加总贴现收益。

$$V_{C,t} = \max_{N_{C,t}, B_{C,t}} E_t \sum_{k=0}^{\infty} \frac{\beta^k \Lambda_{t+k}}{\Lambda_t}$$

$$\left[Y_{C,t+k} - w_{t+k} N_{C,t+k} - q_{t+k} B_{C,t+k} - \phi_C\left(\frac{B_{C,t+k}}{K_{C,t+k}}\right) K_{C,t+k} \right]$$

（4-1）

以单位消费品作为价格衡量，企业的总生产减去工资成本（w_t 为 t 时刻工资率）、债务成本和存量资本调整成本，即为企业当期收益。公式（4-1）代表了企业预期收益贴现调整加总后的目标值，意味着企业选择第 t 期劳动投入和新增投资，最大化预期贴现总净收益。

一般消费品生产企业下期资本存量 $K_{C,t+1}$，应该等于折旧（折旧率 δ）后的当期资本存量 $K_{C,t}$ 加上新追加投资 $B_{C,t}$，公式表示如下：

$$K_{C,t+k} = (1-\delta)K_{C,t} + B_{C,t}$$

一般消费品生产企业的全部利润用于支付股票分红 $D_{C,t}$，因此，股票分红应当等于消费部门当期总生产收入减去工资成本、追加投资、债务成本和资本调整成本，即：

$$D_{C,t} = Y_{C,t} - w_t N_{C,t} - q_t B_{C,t} - \phi_C \left(\frac{B_{C,t}}{K_{C,t}}\right) K_{C,t}$$

（二）房地产生产部门

同样地，房地产生产部门使用该部门的技术 $Z_{H,t}$、自有资本 $K_{H,t}$、土地 l_t 和劳动力 $N_{H,t}$，生产房地产产品 $Y_{H,t}$。公式如下：

$$Y_{H,t} = Z_{H,t}(l_t)^{1-\phi}(K_{H,t}^v N_{H,t}^{1-v})^{\phi}$$

房地产生产部门从政府手中购买土地 l_t，此处假设土地是一个外生的常数，在参数校准时，区分成考虑土地供求压力和不考虑土地供求压力的情况，即令 ϕ 等于 1 或者 0.9 两种情况；雇佣劳动 $N_{H,t}$，工资率为 w_t；发行债券 $B_{H,t}$，债券价格为 q_t，债券筹集的资金于追加投资；目标是最大化预期总贴现收益 $V_{H,t}$。

房地产生产部门 $t+k$ 期净收益包括：房产总值减去土地成本、工资成本、债务成本和资本调整成本。全部净收益用于分红。

其中，房产总收入用单位房价 $p_{H,t+k}$ 乘以房地产生产数量 $Y_{H,t+k}$ 表示；土地成本用单位土地价格 $q_{l,t+k}$ 乘以土地购置面积 l_{t+k} 表示；工资成本用工资率 w_{t+k} 乘以劳动数量 N_{t+k} 表示；债务成本用债务价格 q_{t+k} 乘以债务数量 $B_{H,t+k}$ 表示；资本调整成本可用资本调整成本因子 Φ_H 乘以当期投资量表示，且资本调整成本因子受新增投资 $B_{H,t+k}$ 占当期投资量 $K_{H,t+k}$ 的比重影响。

房地产生产部门的目标函数，即选择使用劳动、土地和发行债券数量，最大化预期收益的贴现总值，可以用公式（4-2）表示如下：

$$V_{H,t} = \max_{N_{H,t}, B_{H,t}, l_t} E_t \sum_{k=0}^{\infty} \frac{\beta^k \Lambda_{t+k}}{\Lambda_t}$$

$$[p_{H,t+k}Y_{H,t+k} - q_{l,t+k}l_{t+k} - w_{t+k}N_{H,t+k} - q_{t+k}B_{H,t+k} - \phi_H(\frac{B_{H,t+k}}{K_{H,t+k}})K_{H,t+k}]$$

（4-2）

下面考虑房地产企业的股票分红。房地产部门发行的股票由消费者购买，房地产部门的全部利润用于股票分红 $D_{H,t}$，等于房地产总收入减去工资成本、土地购置成本、债务成本和资本调整成本。其中，总收入可以用房地产价格 $p_{H,t}$ 乘以生产总量 $Y_{H,t}$ 表示；工资成本用工资率 w_t 乘以劳动需求 $N_{H,t}$ 表示；土地租赁成本可以用土地出让金率 $q_{l,t}$ 乘以土地使用量 l_t 表示；债务成本可以用债务价格 q_t 乘以债务发行量 $B_{H,t}$ 表示；资本调整成本仍为 $\Phi_H(\frac{B_{H,t}}{K_{H,t}})K_{H,t}$。因此，房地产企业股票分红可以用以下公式表示：

$$D_{H,t} = p_{H,t}Y_{H,t} - q_{l,t}l_t - w_t N_{H,t} - q_t B_{H,t} - \phi_H(\frac{B_{H,t}}{K_{H,t}})K_{H,t}$$

房地产生产企业的资本积累过程可以用折旧后的本期资本

加上追加投资表示。其中，下期资本总量用 $K_{H,t+1}$ 表示；资本折旧率用 δ 表示；本期资本用 $K_{H,t}$ 表示；追加投资用 $B_{H,t}$ 表示。则房地产生产企业的资本积累路径如下：

$$K_{H,t+1} = (1-\delta)K_{H,t} + B_{H,t}$$

已经生产出的房地产产品折旧率为 δ_H，下期总房产存量 H_{t+1} 应该等于折旧后的当期房产存量 H_t 加上本期新生产房地产产品数量 $Y_{H,t}$。注意，本书假设，所有生产出的房产全部销售给消费者，房地产产品的积累路径，实际上也是消费者房地产财富的积累路径。用公式表示如下：

$$H_{t+1} = (1-\delta_H)H_t + Y_{H,t}$$

二、投资回报率

一般消费品生产部门和房地产生产部门的下期股票风险回报率 $R_{C,t+1}$ 和 $R_{H,t+1}$ 可以用当期股票价值（$V_{C,t}$ 与 $V_{H,t}$）、下期股票价值（$V_{C,t+1}$ 与 $V_{H,t+1}$）和分红（$D_{C,t+1}$ 与 $D_{H,t+1}$）来表示，公式如下：

$$R_{H,t+1} = \frac{V_{H,t}}{V_{H,t+1} - D_{H,t+1}} \quad R_{C,t+1} = \frac{V_{C,t}}{V_{C,t+1} - D_{C,t+1}}$$

定义分红后股票净值分别为：

$$V_{C,t}^e = V_{C,t} - D_{C,t} \quad V_{H,t}^e = V_{H,t} - D_{H,t}$$

则使用股票净值表示的股票投资回报率分别为：

$$R_{H,t+1}^e = \frac{V_{H,t+1}^e + D_{H,t+1}}{V_{H,t}^e} \quad R_{C,t+1}^e = \frac{V_{C,t+1}^e + D_{C,t+1}}{V_{C,t}^e}$$

一般消费品生产部门和房地产生产部门的无风险债券毛回

报率 R_t 可以用上期债券价格表示：

$$R_t = \frac{1}{q_{t-1}}$$

三、消费者

（一）消费者效用函数

采用 OLG 消费者模型。假设 t 时刻存在 $a=1,2,\cdots,A$ 代生命周期模型的消费者。其中，第 a 代人 t 时刻效用函数 U 由综合消费 $\widetilde{C}_{a,t}$ 决定。则消费者的效用函数如公式所示：

消费房产财富：

$$U(C_{a,t}, H_{a,t}) = \frac{\widetilde{C}_{a,t}^{1-\frac{1}{\sigma}}}{1-\frac{1}{\sigma}}$$

由于消费者效用函数受到一般消费和房产财富两种因素的影响，$\widetilde{C}_{a,t}$ 是代表了一般消费 $C_{a,t}$ 和房产财富 $H_{a,t}$ 两种效用因子组成的综合消费，如公式所示：

$$\widetilde{C}_{a,t} = [\chi C_{a,t}^{\frac{\varepsilon-1}{\varepsilon}} + (1-\chi) H_{a,t}^{\frac{\varepsilon-1}{\varepsilon}}]^{\frac{\varepsilon}{\varepsilon-1}}$$

（二）消费者的预算约束和抵押借贷约束

基于股票净值加权，公式(4-3)表示了 $t+1$ 期消费者风险投资组合基金的综合回报率 $R_{K,t+1}$，等于两种股票回报率 $R_{H,t+1}$ 和 $R_{C,t+1}$ 按照股票净值持有比例（房产部门股票与一般消费品部

门股票净值持有量分别为 $V_{H,t}^e$ 和 $V_{C,t}^e$) 加权平均:

$$R_{K,t+1} = \frac{V_{H,t}^e}{V_{H,t}^e + V_{C,t}^e} R_{H,t+1} + \frac{V_{C,t}^e}{V_{H,t}^e + V_{C,t}^e} R_{C,t+1} \quad (4-3)$$

模型假定劳动者的能力有异质性,因此用 i 标记第 i 个劳动者(消费者)。则第 a 代人中第 i 个个体 t 时刻的工资收入可以表示为:

$$Y_{a,t}^i = w_t L_{a,t}^i$$

可以用 $L_{a,t}^i$ 表示 t 时刻第 a 代人第 i 个体的劳动供给,其中 G_a 是 a 代人的年龄矩阵,Z_t^i 是 t 时刻 i 个体的个人冲击,代表了工人的能力个体特征。劳动者 i 的劳动供给 $L_{a,t}^i$ 受到个体特征冲击 Z_t^i 和个体 i 的年龄阶层 (G_a) 的影响:

$$L_{a,t}^i = G_a Z_t^i$$

用 ξ 表示一个期望为 0、标准差为 σ_t 的 i.i.d. 的个人收入冲击,则个体特征冲击可以表示为:

$$\log(Z_t^i) = \log(Z_{t-1}^i) + \xi_t^i \quad \xi_t^i \sim i.i.d.(0, \sigma_t^2)$$

假设经济环境分为扩张 E 和紧缩 R 两种状态。消费品部门当个人冲击 $Z_{C,t}$ 大于等于其期望水平时,经济处于扩张状态(用下标 E 表示);当消费品部门个人冲击 $Z_{C,t}$ 小于其期望水平时,经济处于紧缩状态(用下标 R 表示)。用公式(4-4)表示:

$$\sigma_t^2 = \begin{cases} \sigma_E^2 & if \quad Z_{C,t} \geq E(Z_{C,t}) \\ \sigma_R^2 & if \quad Z_{C,t} < E(Z_{C,t}) \end{cases} \quad \sigma_R^2 > \sigma_E^2 \quad (4-4)$$

消费者投资风险资产的持有量应该大于等于 0,等于 0 时,不持有风险资产。可以用公式(4-5)表示:

$$\theta_{a,t}^{i} \geq 0 \qquad (4-5)$$

消费者的个人所有房地产每一期以 δ_H 的折旧率折旧。个体 i 在 $t+1$ 期的房产净投资用 $H_{a,t+1}^{i}$ 表示，应当满足：

$$H_{a,t+1}^{i} - (1-\delta_H)H_{a,t}^{i} > 0$$

消费者每一期参与投资风险组合基金要支付的固定成本用 $F_{K,t}$ 表示，参与房产投资要支付的固定成本用 $F_{H,t}^{i}$ 表示。个体 i 在 t 期购买风险组合基金和房产的总交易成本 F_t^{i} 可以用如下公式表示：

$$F_t^{i} = F_{H,t}^{i} + F_{K,t}$$

房产交易成本 $F_{H,t}^{i}$ 在本期不交易，只折旧时为 0；一旦发生房产交易，则房产交易成本包括固定成本和可变成本。金融资产交易成本 $F_{K,t}$ 下期不购买时交易成本为 0；一旦下期购买金融资产，则成本为 $\overline{F}$。资产交易成本公式如下：

$$F_{H,t}^{i} = \begin{cases} 0 & if \quad H_{a+1,t+1}^{i} = (1-\delta_H)H_{a,t}^{i} \\ \psi_0 + \psi_1 p_{H,t} H_{a,t}^{i} & if \quad H_{a+1,t+1}^{i} \neq (1-\delta_H)H_{a,t}^{i} \end{cases}$$

$$F_{K,t} = \begin{cases} 0 & if \quad \theta_{a+1,t+1}^{i} = 0 \\ \overline{F} & if \quad \theta_{a+1,t+1}^{i} > 0 \end{cases}$$

用 $B_{a,t}^{i}$ 表示第 a 代个人消费者 i 在 t 期购买的无风险债券财富，此人持有的风险资产包括分红（$D_{C,t}$ 和 $D_{H,t}$）和股票净值（$V_{C,t}^{e}$ 和 $V_{H,t}^{e}$），房产财富 $H_{a,t}^{i}$，土地财富 $L_{a,t}^{i}$。在 t 时刻，第 a 代个体 i 的经营性总资产财富 $W_{a,t}^{i}$ 表示如下：

$$W_{a,t}^{i} = \theta_{a,t}^{i}(V_{C,t}^{e} + V_{H,t}^{e} + D_{C,t} + D_{H,t}) + B_{a,t}^{i}(1+q_t)$$

已知房地产折旧率为 δ_H，劳动税税率为 τ。消费者 t 期债券的毛利率应当为 $R_t = 1/q_{t-1}$。公式(4-6)表示 a 代没有退休仍在工作的消费者 i 在第 t 期的预算约束：

$$\theta^i_{a+1,t+1}(V^e_{C,t}+V^e_{H,t})+p_{H,t}(H^i_{a+1,t+1}-(1-\delta_H)H^i_{a,t})+q_t B^i_{a+1,t+1}$$
$$\leq W^i_{a,t}+(1-\tau)w_t L^i_{a,t}-C^i_{a,t}-F^i_t \qquad (4-6)$$

不等式左边各项分别表示下期新购股票总值，加上下期新购房产总值、新购债券总值。其中，新购股票总值用新购股票数量比重乘以两种股票当期净值表示；下期房产数量 $H^i_{a+1,t+1}$ 减去折旧后当期房产数量 $(1-\delta_H)H^i_{a,t}$ 等于房产净变化量，再用房产净变化量乘以当期房价 $p_{H,t}$，得到新购房产总值；新购债券总值用当期债券价格乘以下期购买债券数量表示。

不等式右边各项，分别表示消费者当期的经营性资产总值（包括股票价值和股票分红，债券价值和债券利息），加上当期税后劳动收入，减去当期一般消费，减去当期消费者投资支付的固定交易成本。

不等式左边小于等于右边，表示的经济学含义是，下期投资总增加要小于等于当期可支配总财富、总收入减去当期投资交易成本和一般消费。

下面考察消费者抵押借贷约束。假设房产价值自有比率（本书用第一次购买房产时的首付率代替）$0 \leq \bar{w} \leq 1$，t 时刻房价用 $p_{H,t}$ 表示。则根据个人抵押信贷约束，下期金融资产总值要大于等于下期房贷负债总值（去除自有比率的房产价值）。注意：按照此规定，一旦房价上升，则消费者可以获得新的信

第四章 房地产抵押贷款首付率、交易成本调整政策的经济作用

用额度。这是因为,房地产价格进入了个人信贷约束公式。

抵押借贷约束如公式(4-7)所示:

$$W_{a+1,t+1}^i \geq -(1-\overline{w})p_{H,t}H_{a,t+1}^i \quad \forall a, t \quad (4-7)$$

也就是说,消费者申请住房抵押贷款,下期可以借贷的总额度,必须小于下期消费者可以用于抵押的金融财产,也即消费者的净资产大于等于0。

下面,在消费者预算约束[公式(4-6)]的基础上,考虑消费者的两类情况。一是消费者购买债券和股票的情况,二是消费者负债,债券购买小于0,风险金融资产购买等于0的情况。这两类消费者分别构成了新的消费者预算约束,即公式(4-8)和公式(4-9):

$$if \quad W_{a,t}^i+(1-\tau)w_tL_{a,t}^i-p_{H,t}[H_{a+1,t+1}^i-(1-\delta_H)H_{a,t}^i]-C_{a,t}^i-F_t^i>0 \quad (4-8)$$

$$then \quad B_{a+1,t+1}^i \geq 0 \quad \theta_{a+1,t+1}^i \geq 0$$

$$if \quad W_{a,t}^i+(1-\tau)w_tL_{a,t}^i-p_{H,t}[H_{a+1,t+1}^i-(1-\delta_H)H_{a,t}^i]-C_{a,t}^i-F_t^i \leq 0 \quad (4-9)$$

$$then \quad B_{a+1,t+1}^i<0 \quad \theta_{a+1,t+1}^i=0$$

公式(4-8)意味着,消费者的总财产和各种收入,除了用于购置房产、满足一般消费和支付交易成本之外还有剩余,则消费者会购买债券和股票。如果消费者的财产和收入不能满足住房和一般消费的需要,则消费者可能会因购买房产而负债,同时不会购置生产企业的股票。

(三)退休消费者的养老金

用 Z_{ar}^i 表示个人劳动生产率 $Z_{a,t}^i$ 的工人在退休前最后一年的劳动生产率。假设退休人员的劳动收入税税率为 τ,个人劳动所得税全部用于支付退休后的养老金。

假设每一期出生人口数量用 born 表示,退休年龄为 60 岁,退休后的 a 代人人口死亡率为 p_a,则有:

工作人口数量:

$$N^W = 60 \times \text{born}$$

退休人口数量:

$$N^R = \sum_{a=61}^{80}(1-p_a) \times \text{born}$$

可以用 X_t 代表 t 期养老比率,等于第 t 期劳动人口与退休人口数量的比值乘以养老社保税率:

$$X_t = \tau \frac{N^W}{N^R}$$

则 t 期第 a 代退休工人 i 收到的养老金 $PE_{a,t}^i$ 取决于其退休前的工资水平 Z_{ar}^i 和养老比率(劳动-退休人口比率乘以养老金社保税率)的乘积,用公式表示为:

$$PE_{a,t}^i = Z_{ar}^i X_t = Z_{ar}^i \tau \frac{N^W}{N^R}$$

(四)消费者的经济状态信息集合

定义个体经济状态分布 μ,代表经济个体在世代 $A(A=\{1, 2, \cdots, A\})$、多种可能的消费者异质性冲击 Z(能力差异等)、

初始经营性财富 W、初始房产财富 H(为了标记方便,可以定义为个体经济状态矩阵 S)上的各种可能情况的组合:

$$\mu \sim S \equiv (A \times Z \times W \times H)$$

假设个体 $t+1$ 期经济状态分布受本期状态和两期冲击的影响,其运动规律遵循以下公式:

$$\mu_{t+1} = \Gamma(\mu_t, Z_t, Z_{t+1})$$

定义 Z_t 为加总的两部门技术冲击,可以表示为:

$$Z_t \equiv (Z_{C,t}, Z_{H,t})'$$

则有,经济状态信息集合:(Z, μ)。

四、贴现因子计算

考虑到不完全市场的生产厂商面临着折旧、交易成本等问题,计算折现因子会比较复杂,所以将消费者的跨期替代系数根据消费者风险财产持有比例加权平均,用来决定厂商的折现因子,从而得到公式(4-10):

$$\frac{\beta \Lambda_{t+1}}{\Lambda_t} \equiv \int_S \theta^i_{a+1, t+1} \frac{\beta \partial U / \partial C^i_{a+1, t+1}}{\partial U / \partial C^i_{a, t}} d\mu \quad (4-10)$$

下面,公式(4-11)表示消费者在消费一般消费品时的跨时边际替代率(此处的计算过程参考了 Storesletten,Telmer 和 Yaron(2007),具体过程见附录):

$$\frac{\frac{\beta \partial U}{\partial C_{a+1,t+1}^i}}{\frac{\partial U}{\partial C_{a,t}^i}} \equiv \beta \left\{ \left(\frac{C_{a+1,t+1}^i}{C_{a,t}^i}\right)^{-\frac{1}{\sigma}} \left[\frac{\chi+(1-\chi)\left(\frac{H_{a+1,t+1}^i}{C_{a+1,t+1}^i}\right)^{\frac{\varepsilon-1}{\varepsilon}}}{\chi+(1-\chi)\left(\frac{H_{a,t}^i}{C_{a,t}^i}\right)^{\frac{\varepsilon-1}{\varepsilon}}}\right]^{\frac{\sigma-\varepsilon}{\sigma(\varepsilon-1)}} \right\}$$

(4-11)

五、模型均衡

价格水平集合：模型中存在五类价格水平：债券价格、土地价格、房地产价格、工资价格水平和股票投资收益率。这些价格水平取决于经济状态信息集合中的要素，如下所示：

$q_t = q(\mu_t, Z_t)$ $p_t^H = p^H(\mu_t, Z_t)$ $w_t = w(\mu_t, Z_t)$ $R_{K,t} = R_K(\mu_t, Z_t)$

第 a 代第 i 个个体的决策集合：消费者 i 选择下期购买房产数量和购买风险资产数量（两部门股票比例），土地数量，购买两部门企业发行的债券，提供劳动，出租土地给房地产生产部门，最大化目标函数 V_a：

$$\{V_a, H_{a+1,t+1}^i, \theta_{a+1,t+1}^i, B_{a+1,t+1}^i\}_{a=1}^A$$

则均衡模型满足以下条件：

第一，消费者最优：为了求均衡状态，给定初始经济状态 μ_t、两部门生产当期冲击 Z_t，a 代个体 i 在 t 时刻能力冲击 $Z_{a,t}^i$，a 代个体 i 在 t 时刻经营性财富 $W_{a,t}^i$ 和 a 代个体 i 在 t 时刻房产财富 $H_{a,t}^i$。消费者最优化问题是，a 代消费者 i 跨期选择 $t+1$ 期房产投资 $H_{a,t+1}^i$，风险金融资产投资比例 $\theta_{a,t+1}^i$，投资无风险债券投资 $B_{a,t+1}^i$，最大化终身加总的贴现效用。如果消费

第四章 房地产抵押贷款首付率、交易成本调整政策的经济作用

者处于工作年龄,则满足约束条件公式(4-6)、公式(4-7)、公式(4-8)、公式(4-9);如果消费者已经退休,则用退休金收入代替公式(4-6)、公式(4-7)、公式(4-8)、公式(4-9)中的工资收入。则消费者最优问题可以用公式(4-12)表示:

$$
V_a(\mu_t, Z_t, Z_{a,t}^i, W_{a,t}^i, H_{a,t}^i) = \max_{H_{a+1,t+1}^i, \theta_{a+1,t+1}^i, B_{a+1,t+1}^i, l_{a+1,t+1}^i} U(C_{a,t}^i, H_{a,t}^i)
$$
$$
+ \beta \pi_{a+1 \mid a} E_t [V_{a+1}(\mu_{t+1}, Z_{t+1}, Z_{a,t+1}^i, W_{a+1,t+1}^i, H_{a+1,t+1}^i)] \}
$$

(4-12)

第二,两部门生产厂商最大化目标函数:公式(4-1)、公式(4-2):

$$
V_{C,t} = \max_{N_{C,t}, B_{C,t}} E_t \sum_{k=0}^{\infty} \frac{\beta^k \Lambda_{t+k}}{\Lambda_t}
$$
$$
[Y_{C,t+k} - w_{t+k} N_{C,t+k} - B_{C,t+k} - q_{t+k} - \varphi_C(\frac{B_{C,t+k}}{K_{C,t+k}}) K_{C,t+k}]
$$

(1)

$$
V_{H,t} = \max_{N_{H,t}, B_{H,t}, l_t} E_t \sum_{k=0}^{\infty} \frac{\beta^k \Lambda_{t+k}}{\Lambda_t}
$$
$$
[p_{H,t+k} Y_{H,t+k} - w_{t+k} N_{H,t+k} - B_{H,t+k} q_{t+k} - \phi(\frac{B_{H,t+k}}{K_{H,t+k}}) K_{H,t+k}]
$$

(2)

第三,土地价格满足房地产生产利润最大化时的土地价格,对公式(4-2)的土地需求求一阶条件:

$$p_{l,t} = (1-\varphi) p_{H,t} Z_{H,t} l_t^{-\varphi} (K_{H,t}^v N_{H,t}^{-v})^{\varphi}$$

第四,劳动工资率满足两部门生产最大化的工资水平,对两部门劳动需求求一阶条件,得到公式(4-13)和公式(4-14):

$$w_t = (1-\alpha) Z_{C,t} K_{C,t}^{\alpha} N_{C,t}^{-\alpha} \qquad (4-13)$$

$$w_t = (1-v)(1-\varphi) p_{H,t} Z_{H,t} l_t^{\varphi} K_{H,t}^{v(1-\varphi)} N_{H,t}^{-\varphi(1-v)-v} \qquad (4-14)$$

第五，劳动力市场出清：

$$N_t \equiv N_{C,t} + N_{H,t} = \int_S L_{a,t}^i d\mu \qquad (4-15)$$

第六，房地产市场出清，考虑折旧因素后，各期房地产总持有等于房地产生产总量：

$$Y_{H,t} = \int_S [H_{a,t+1}^i - H_{a,t}^i (1-\delta_H)] d\mu \qquad (4-16)$$

第七，债券市场出清，两生产部门债券发行总量等于所有消费者债券总持有量：

$$\int_S B_{a,t}^i d\mu = B_{C,t} + B_{H,t} \qquad (4-17)$$

第八，风险资产市场出清，所有的风险资产投资组合持有数量加总为1：

$$1 = \int_S \theta_{a,t}^i d\mu \qquad (4-18)$$

第九，土地供求均衡，政府出售的土地总量等于房地产生产企业的使用总量。政府售地收入全部用于政府消费：

$$l = l_t$$

$$G_t = q_t l_t \qquad (4-19)$$

第十，社会保险税全部用于支付退休劳动者的退休金：

$$\tau N_t w_t = \int_S PE_{a,t}^i d\mu \qquad (4-20)$$

第十一，经济状态集合运动规律与消费者行为一致：

$$\mu_{t+1} = \Gamma(\mu_t, Z_t, Z_{t+1})$$

第四章 房地产抵押贷款首付率、交易成本调整政策的经济作用

通过公式(4-13)、公式(4-14)、公式(4-15)能够决定消费品生产部门劳动分配 $N_{C,t}$，推导出公式(4-21)：

$$(1-\alpha)Z_{C,t}K_{C,t}^{\alpha}N_{C,t}^{-\alpha}=(1-v)(1-\varphi)p_{H,t}Z_{H,t}l_t^{\varphi}K_{H,t}^{v(1-\varphi)}(N_t-N_{C,t})^{-\varphi(1-v)-v} \tag{4-21}$$

消费品部门总生产用于总一般消费、政府消费、支付总交易成本、两部门新增总投资及两种投资的调整成本，可以用公式(4-22)表示：

$$Y_{C,t}=C_t+G_t+F_t+\left[B_{C,t}+\varphi_C\left(\frac{B_{C,t}}{K_{C,t}}\right)K_{C,t}\right]+\left[B_{H,t}+\varphi_H\left(\frac{B_{H,t}}{K_{H,t}}\right)K_{H,t}\right] \tag{4-22}$$

个体消费者的一般消费加总和交易成本加总用公式(4-23)表示：

$$C_t\equiv\int_S C_{a,t}^i d\mu \quad F_t\equiv\int_S F_t^i d\mu \tag{4-23}$$

六、参数校准

（一）基本模型和参数设定

为了区分设定参数校准的状态，可以将理论模型分为两种情况，称为模型一和模型二：

模型一，即基准条件设定，假设理论模型具有较高的首付率和显著的房地产税费等交易成本；

模型二，在模型一的基础上，降低首付率要求和房地产交易成本水平，考察主要经济变量的变化方向和均衡模型的变化。

参数设置如表4-1所示,具体如下:

表4-1 参数校准模型的参数设置

	参数	模型一:基本模型	模型二
生产企业	调整成本 $\{\phi_C, \phi_H\}$	$\{\varphi_C(\frac{B_{C,t}}{K_{C,t}}-\delta)^2, \varphi_H(\frac{B_{H,t}}{K_{H,t}}-\delta_H)^2\}$	
	资本折旧率 δ	0.096	
	房产折旧率 δ_H	0.02	
	消费品生产资本参数 α	0.3	
	房产生产资本参数 v	0.33	
	土地(不考虑 $\phi=1$/考虑土地因素 $\phi=0.9$)	$\{1, 0.9\}$	
消费者偏好	风险厌恶 σ	8	
	折现因子 β	0.95	
	消费房产替代弹性 ε	1	
	消费比重 χ	0.775	
收入和人口	代际收入 G_a	收入数据集合	
	人口存活率 $\pi_{a+1\|a}$	人口数据集合	
	扩张时期标准差 σ_E	0.0567	
	紧缩时期标准差 σ_R	0.1326	
交易成本和首付率	股票投资交易成本 F	$0.01\overline{C}^i$	
	固定交易成本 ψ_0	$0.035\overline{C}$	$0.01\overline{C}$
	可变交易成本 ψ_1	$0.095p_t^H H^i$	$0.05p_t^H H^i$
	消费者住房抵押贷款首付率 ω	0.50	0.10

1. 两部门生产型企业的参数选择

一般消费品生产企业和房地产生产企业的参数选择过程如下:

首先考虑折旧率。经济分析局(Bureau of Economic Analysis,

第四章 房地产抵押贷款首付率、交易成本调整政策的经济作用

BEA)对美国2000—2009年的估算结果为0.12。张军、吴桂英、张吉鹏(2004)采用索罗模型对一般消费品生产企业的资本折旧率评估取值为$\delta=9.6\%$,本书采用张军(2009)的设定,一般消费品生产企业和房地产生产企业的资本折旧率均为$\delta=9.6\%$。根据全国注册资产评估师考试大纲《资产评估》中的实务评估要求,自住房产的房产折旧率一般为2%,Tuzel(2009)评估美国房地产资产折旧率为2.5%,本书采用中国的实务标准,令$\delta_H=2\%$。

下面考虑资本的生产弹性系数α。根据Kydland和Prescott(1982)和Hansen(1985)的测算,非房产部门的资本贡献$\alpha=0.36$,多数情况在0.2~0.4;我国学者测算的科布道格拉斯生产数的资本贡献一般在0.21~0.35,本书取0.3。根据BEA基于1992—1996年对房产部门的科布道格拉斯生产函数的测算,资本的贡献在29%~31%,要低于非房产部门的资本贡献,而我国学者估算的房地产部门资本的边际贡献为29%~36%,本书取$v=0.33$。

模型的设计中,投资具有调整成本。资本调整成本取决于再投资比率减去折旧因素后的二次方,即$\varphi(B/K-\delta xs)^2 K_t$。

在简单的模型一中,土地有一个固定的年供给量L,能够满足一定的房地产投资-GDP比例。本书采用Davis和Heathcote(2005)的方法,设定土地供应占房地产生产函数的权重,有0或者10%两种情况,其对应的系数Φ分别等于1或者0.9。

2. 异质性消费者的参数选择

设消费者年化折现因子$\beta=0.95$。$a+1 \leqslant 60$时,a代消费

者的存活率为1，$a+1>60$时，使用北京大学城市居民户调查数据，计算出60岁以上的居民年龄分布，并与其生命周期模型的收入相互对应。设消费者风险厌恶系数$\sigma=8$。消费者对一般消费和房产财富的替代弹性ε设为1（科布道格拉斯型的效用函数）。效用函数中一般消费品所占的比重χ为0.775，房产财富贡献则为0.4。根据中国国家统计局发布的相关数据，可以计算出$\sigma_E=0.0567$，对应的经济萎缩时期$\sigma_R=0.1326$。

3. 首付率的参数选择

为了调控房价，我国政府和银行业经常使用改变多种住房抵押贷款的首付率，以限制一般消费者的额外购买能力。根据中指数据库数据计算，我国35个大中城市的消费者自持有住房（对应于其银行住房贷款）比率超过82%。其中新购房产的消费者自有比率在65%左右。而实际上，在房改初期，我国住房公积金贷款和一般商业抵押按揭贷款的首付率都曾经低至10%~15%。2010年下半年开始，我国一般商业抵押按揭贷款的首付率一般不低于50%。考虑到以上因素，模型一和模型二的消费者自有住房比率分别设定为50%和10%。

4. 交易成本的参数选择

一般消费品生产部门和房地产生产部门的股票投资交易成本设为只有固定成本（实际情况并不是这样的，但股票投资交易成本并不是本模型的关注点，忽略该因素亦不影响结果），用$1\%\bar{C}^i$表示。

第四章 房地产抵押贷款首付率、交易成本调整政策的经济作用

消费者购买、投资住宅房地产,需要支付固定的交易成本(如印花税),和可变的交易成本(如营业税)等。但是注意,交易成本并不一定仅仅代表税收,也可能包括寻找合适房产、雇用中介公司、搬家等活动带来的时间、金钱上的支付。本书设房地产投资的固定交易成本参数为 $\phi_0 = 3.5\%$,房地产投资的可变交易成本参数为 $\phi_1 = 9.5\%$。在模型二中,要降低交易成本,则设定固定交易成本 $\phi_0 = 1\%$,可变交易成本为 $\phi_1 = 5\%$。

(二)资产投资回报率计算

1. 房地产投资回报率和价租比

在考虑交易费用和借贷约束的条件下,最优房产投资决策的一阶条件为:

$$\frac{\partial U}{\partial C_{a,t}^i} = \frac{1}{p_{H,t}} \beta E_t \left[\frac{\partial U}{\partial C_{a+1,t+1}^i} \left(\frac{\frac{\partial U}{\partial H_{a+1,t+1}^i}}{\frac{\partial U}{\partial C_{a+1,t+1}^i}} \right) + p_{H,t+1}(1-\delta_H) \right] \quad (4-24)$$

公式(4-24)表示一般消费的边际效用等于单位房产消费带来的边际效用。公式的另一层含义在于:考虑折旧因素后,房价和房租变动带来的期望效用贴现,应该等于即期一般消费的边际效用。

公式(4-25)表示房产总回报由考虑折旧后的单位房价变动和价租比变动两部分组成。公式(4-26)表示:房产和一般消费的边际效用替代率加总,即可得到房租 r_{t+1},即用单位消

费衡量下期房产使用价值。公式(4-25)和(4-26)如下：

$$R_{H,t+1} \equiv \frac{P_{H,t+1}(1-\delta_H)+r_{t+1}}{p_{H,t}} \quad (4-25)$$

$$r_{t+1} \equiv \int_S \frac{\dfrac{\partial U}{\partial H^i_{a+1,\,t+1}}}{\dfrac{\partial U_{t+1}}{\partial C^i_{a+1,\,t+1}}} d\mu \quad (4-26)$$

2. 金融资产投资回报率

设无风险债券 B 的回报为 E，设 B/E 为一外生固定的债务权益比率 $\dfrac{B}{E}=\dfrac{2}{3}$①，无风险投资利率为 R_f，两部门股票投资组合回报 $R_{K,t}$，则调整后的投资性资产回报率为：

$$R_{E,t} \equiv R_f + \left(1+\frac{B}{E}\right)(R_{K,t}-R_t)$$

需要注意的是，此处涉及的风险资产回报率，主要是指两部门生产的权益投资组合回报率，而无风险资产回报率，指的是土地、债券等有抵押担保的投资组合回报率。

七、参数校准结果

（一）参数模型对宏观经济数据的拟合

2000—2004 年，全国 35 个大中城市的价租比和房价分别上涨了 31% 和 25%。这段时间内经济逐步增长，房地产信贷

---

① 债务权益比率的选择，本书参考了 Benninga 和 Protopapadakis(1990)。

第四章　房地产抵押贷款首付率、交易成本调整政策的经济作用

宽松度扩大，利率相对较低。2005—2007年，我国的房地产市场一直处于高位运行，房价持续快速上涨。2007年底，受美国次贷危机和利率政策的影响，房地产市场经历了短暂的调整，至2008年下半年触底反弹并报复性上涨。2010年二季度，"国十条"等一系列房地产新政颁布，房地产市场开始进入长期调整阶段。2015年，我国的房地产政策转向"促消费、去库存"，供需两端政策均相对宽松，楼市持续回暖。2017年，政策又一次偏向从紧，具体来说，针对一线城市过快增长收紧了限购和信贷政策，增加土地供应和棚改建设，整治首付贷，推进房产税立法等。2019年新冠肺炎疫情暴发，结合全国楼市的疫情期状况，房地产政策强调坚持房住不炒原则不动摇，支持刚性和改善型购房需求，压实地方政府责任，切实完成保交楼、稳民生等目标。

图4-1表示房价变动和价租比变动的趋势。可以发现，价租比能够比较好地表现房价的变动水平，但是较房价变动更为平缓，相对于GDP的变动，存在一些提前性。

下面考察参数校准的结果，即模型一和模型二对宏观经济和房地产市场的拟合能力。这部分采用国家统计局2000—2020年度、季度数据和搜房网-中国指数研究院2000—2020年月度、季度数据。主要变量包括：GDP、一般消费C和房产消费C_H、总消费C_T、新增房产投资$p_H Y_H$、新增生产性投资B、两部门新增投资B_C和B_H、两部门调整成本φ_C和φ_H、两部门资本存量K_C和K_H、总投资B_T、t时刻房租率r_t、交易成

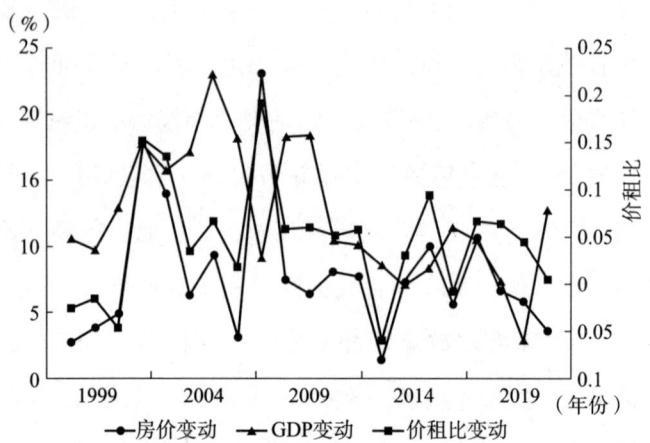

图 4-1 价租比与 GDP 变动的同向运行趋势

资料来源：根据国家统计局公布的 2000 年 1 月至 2020 年 6 月季度统计数据和搜房网-中国指数研究院 2000 年 1 月至 2020 年 6 月月度、季度数据计算。

本 F。容易知道：

$$GDP = Y_C + p_H Y_H + C_H$$

$$C_T = C + F + C_H = C + F + \sum_t r_t H_t$$

$$B_T = p_H Y_H + B = p_H Y_H + [B_{C,t} + \varphi_C(.)K_{C,t}] + [B_{H,t} + \varphi_H(.)K_{H,t}]$$

首先，由实际数据计算各个变量，可以分别得到以下指标：各个变量的标准差、与 GDP 的回归相关系数、一阶自回归系数、占 GDP 的比重。其次，通过参数校准，考察模型一，存在房地产交易成本和住房抵押贷款首付率约束的情况。最后，考察模型二降低房地产交易成本和放松住房抵押贷款首付率约束的情况。

第四章 房地产抵押贷款首付率、交易成本调整政策的经济作用

表 4-2 宏观经济周期数据的考察与拟合

实际数据

	标准差	对 GDP 的相关系数	一阶自回归系数	占 GDP 的比重
GDP	1.89	1	0.46	1
C_T	1.22	0.91	0.62	0.56
C	1.97	0.91	0.60	0.35
C_H	0.68	0.62	0.74	0.21
B_T	2.76	0.93	0.36	0.44
B	2.39	0.80	0.37	0.34
$p_H Y_H$	2.85	0.71	0.49	0.10

模型一：较高的首付率和房地产交易成本

	标准差	对 GDP 的相关系数	一阶自回归系数	占 GDP 的比重
GDP	1.77	1	0.14	1
C_T	1.26	0.97	0.17	0.51
C	1.89	0.95	0.11	0.32
C_H	1.42	0.87	0.31	0.19
B_T	2.29	0.96	0.12	0.49
B	2.25	0.89	0.09	0.42
$p_H Y_H$	3.64	0.51	0.13	0.07

模型二：降低首付率，减少交易成本

	标准差	对 GDP 的相关系数	一阶自回归系数	占 GDP 的比重
GDP	1.71	1	0.12	1
C_T	1.10	0.99	0.14	0.54
C	1.79	0.94	0.12	0.34

续表

	标准差	对 GDP 的相关系数	一阶自回归系数	占 GDP 的比重
C_H	1.01	0.92	0.12	0.20
B_T	2.55	0.99	0.09	0.46
B	2.54	0.81	0.08	0.35
$p_H Y_H$	2.74	0.61	0.15	0.11

根据表4-2的分析计算结果，可以初步得到以下结论：

总消费的标准差占 GDP 的标准差的比重，实际数据计算结果为0.65，修正模型分别为0.51和0.54，比较接近；扩展模型中 GDP 的波动水平与实际数据相仿；总投资的波动水平明显比 GDP 波动水平更加剧烈，实际数据与扩展模型都是如此；房地产投资波动占 GDP 波动的实际比率为1.5，扩展模型分别为2.1和1.6，较为接近；房地产投资和 GDP 的相关程度，没有一般消费、总投资与 GDP 的相关程度那么高。

存在住房抵押贷款首付率约束和房地产交易成本后，相比数据回归，一阶自回归系数普遍下降，可能是因为住房抵押贷款首付率约束和交易成本阻碍了消费者跨期平滑投资和消费；降低首付率、降低交易成本伴随着一般消费和房产投资一阶自回归系数的轻微上升，表明消费者可以更自由地平滑一般消费和房产投资，与实际情况比较符合；提高住房抵押贷款首付率约束伴随着总消费、一般消费和房产投资比重下降，总投资、一般投资和房产消费比重上升；降低首付率伴随着总消费、一般消费和房产投资的上升，总投资、一般投资和房产消费的比重下降。

全国房价的周期性变动如表 4-3 所示。

表 4-3 全国房价的周期性变动

不考虑土地因素 $\phi=1$，考虑土地因素 $\phi=0.9$

相关系数	GDP 与房价	GDP 与价租比	房产投资与房价
实际数据	0.37	0.14	0.47
模型一，$\phi=1$	0.86	0.15	0.25
模型二，$\phi=1$	0.82	0.56	0.15
模型一，$\phi=0.9$	0.84	0.19	0.23
模型二，$\phi=0.9$	0.83	0.44	0.15

不考虑土地因素，GDP 与房价之间的相关系数为 0.86，降低首付率和交易成本限制之后，相关系数下降为 0.82，对应的实际数据为 0.37；房地产投资与房价之间的相关系数在模型一和模型二中分别为 0.25 和 0.15，对应的实际数据为 0.47；GDP 与价租比相关系数在模型一和模型二中分别为 0.15 和 0.56，对应的实际数据为 0.14。

考虑土地因素，模型一和模型二中的 GDP 与房价之间的相关系数为 0.84 和 0.83，房产投资和房价的相关系数分别为 0.23 和 0.15，GDP 与价租比的相关系数分别为 0.19 和 0.44。

价租比与房价一样，与经济周期的运行具有一定的同向性。这种同向性，房价变动比价租比变动更加剧烈，可能是因为租金也是周期性变动的，因而相对于房价，价租比与经济的同向变动一部分被租金变动抵消了。

（二）参数校准模型对微观年龄-收入数据的拟合

采用北京大学社会调查中心"家庭动态跟踪调查"2008—

2018年的居民户数据,将人口按照收入分为高、中、低三个水平。随着年龄从20岁增长到80岁,金融财富和房产财富总量逐步积累攀升,在60岁左右达到顶峰。60岁以上的消费者会不同程度的消耗其房产财富和金融财富。但是考虑到人具有遗产动机,且租赁市场不完善等原因,很多人到最后仍然持有较多的资产而不是全部消费掉。见图4-2和表4-4。

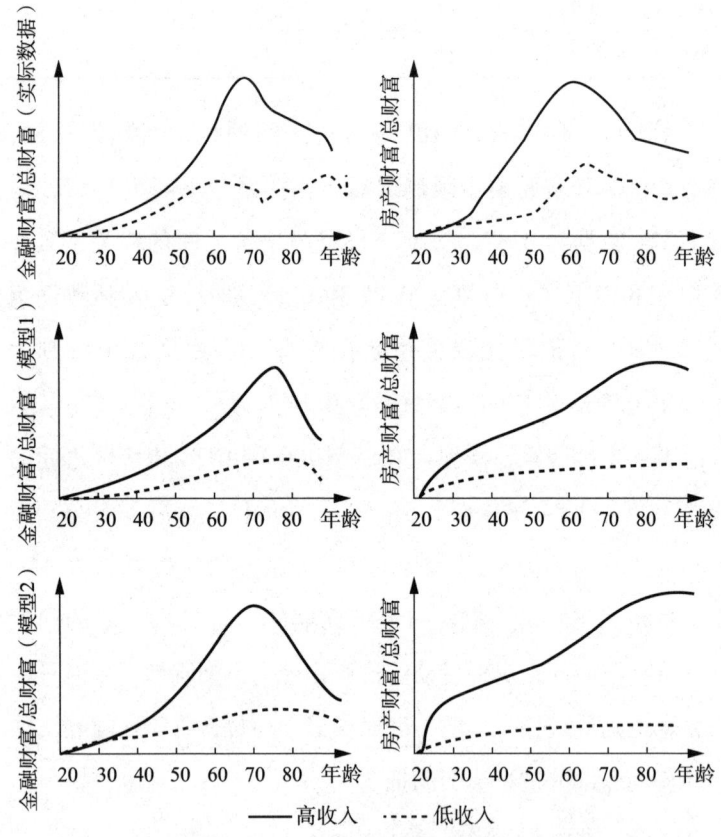

图4-2 不同收入水平的生命周期消费者财富配置变化

资料来源:北京大学社会调查中心CFPS 2008—2018年的居民户数据。

表 4-4 住宅房地产财富占总财富的比例

	年轻人口	35 岁以上	总人口	低收入	中收入	高收入
实际数据	0.60	0.40	0.41	0.39	0.57	0.36
模型一，$\phi=1$	1.35	0.43	0.47	0.40	0.44	0.50
模型二，$\phi=1$	1.65	0.47	0.50	0.44	0.49	0.54
模型一，$\phi=0.9$	1.35	0.42	0.45	0.38	0.43	0.50
模型二，$\phi=0.9$	1.77	0.46	0.50	0.43	0.49	0.54

资料来源：北京大学社会调查中心 CFPS 2008—2018 年居民户数据。根据模型计算得到。

年轻人口的房产财富占总财富的比重相对高，金融资产占财富的比重相对低。

模型二考察了金融管制放松、抵押借贷约束要求降低、交易成本下降的情况，此时消费者倾向于将金融资产变换成房产。房地产金融管制放松，意味着较低的贷款利率、较低的房产交易成本，房产风险相对一般金融资产风险下降。借贷约束放松使得很多不具备资质的人购买了房产。因此，各个收入阶层和年龄段的消费者都会不同程度地改变其投资组合策略，更多地投资于房产。

从模型一到模型二，年轻人的房产财富占总财富比例上升了 19%，高收入人群和 35 岁以上人群也有所上升，分别为 14% 和 13%。

八、资产回报与资产定价

（一）投资回报率：首付率下降、交易成本下降对房地产泡沫的影响

观察表4-5数据，前8列分别是：两部门股票投资组合回报率 R_k 的期望与标准差，投资性资产回报率 R_E 的期望与标准差，房地产投资回报率 R_H 的期望与标准差，无风险利率 R_f 的期望和标准差；后3列分别表示：投资性资产回报的夏普比率 $SR[R_E]$，房产投资的夏普比率 $SR[R_H]$，以及房地产价租比变化率；横行区分了实际数据、模型一和模型二（不考虑土地因素）、模型一和模型二（考虑土地因素）。

表4-5 资产回报率、风险调整与价租比变化率

数据和模型	R_K	std$[R_K]$	R_E	std$[R_E]$	R_H	std$[R_H]$
实际数据	3.35	6.07	6.47	19.04	8.93	4.23
模型一，$\Phi=1$	3.94	6.36	5.51	11.17	12.76	6.08
模型二，$\Phi=1$	5.60	7.72	7.01	13.58	10.21	6.58
模型一，$\Phi=0.9$	3.32	5.62	4.81	9.97	13.89	6.05
模型二，$\Phi=0.9$	5.25	7.00	6.50	12.33	10.82	6.00
	R_f	std$[R_f]$	$SR[R_E]$	$SR[R_H]$	$\log(p^H/r)$	
实际数据	1.63	2.95	0.33	1.33	0.31	
模型一，$\Phi=1$	1.60	3.43	0.3	1.49	0	
模型二，$\Phi=1$	3.49	4.22	0.23	0.78	0.23	
模型一，$\Phi=0.9$	1.08	3.00	0.32	1.74	0	
模型二，$\Phi=0.9$	3.38	3.63	0.22	0.96	0.27	

资料来源：北京大学社会调查中心CFPS 2008—2018年的居民户数据。根据模型计算得到。

第四章 房地产抵押贷款首付率、交易成本调整政策的经济作用

模型一：基准模型设定

利率：基准模型将均衡无风险利率设定为 1.6%。

风险：权益风险溢价（$R_E - R_f$）为 3.91%，夏普率 0.3；实际数据风险溢价 4.84%，夏普率 0.33。现实中较高的风险溢价和夏普比率可能源于两个原因——个人异质性风险加剧了周期性影响，保险与风险分担在经济紧缩时也受到了限制，从而加剧了经济萎缩；房地产资产风险溢价（$R_H - R_E$）为 7.25%，夏普率 1.49；考虑土地因素的时候，结果也是与现实情况相符合的。

模型二：房地产信贷宽松度提高，首付率下降，房产税费等交易成本降低

风险：不考虑土地因素，权益风险溢价从 3.91% 下降到 3.52%，夏普率从 0.3 下降到 0.23；房地产资产下降更加严重，风险溢价从 7.25% 到 3.20%，夏普比率从 1.49 下降到 0.78。

如果考虑土地因素，结果也是类似的。房地产比一般权益的风险溢价下降更严重的原因是：模型二在提高房地产信贷宽松度的同时，降低了房地产交易成本，但没有降低权益的交易成本。

价租比：当不考虑土地，降低首付率，价租比提高了 23%。而价租比也是随经济同向波动的因素。这意味着金融自由使得价租比提高，进一步促进了经济繁荣。

利率：降低首付率本身是可以提高均衡无风险利率的。因

为降低首付率并减少房地产交易成本,居民会减少预防性储蓄,均衡无风险利率上升。但是,由于房地产信贷宽松度提高,价租比上升,房地产资产风险溢价下降,利率随之降低,某种程度上抵消了均衡利率的这种上升趋势。

(二) 宏观经济转移动态

上一节用参数校准模型的两个模型考察了长期稳态的投资回报率水平,但是没有解释经济的短期波动。为了研究短期波动,我们采用搜房网－中国指数研究院 2000 年一季度至 2011 年四季度数据,将房地产部门和一般消费品生产部门的经济状况区分为扩张和紧缩两种类型。则存在以下四种经济状况组合:

$Z_C = Z_{Cl}, Z_H = Z_{Hl}$ 表示两部门都处于紧缩状态;

$Z_C = Z_{Ch}, Z_H = Z_{Hl}$ 表示消费品部门处于扩张状态,房产部门处于紧缩状态;

$Z_C = Z_{Cl}, Z_H = Z_{Hh}$ 表示消费品部门处于紧缩状态,房产部门处于扩张状态;

$Z_C = Z_{Ch}, Z_H = Z_{Hh}$ 表示两部门都处于扩张状态。

每一种冲击如下: $Z_{Cl} = 1 - e_C$, $Z_{Ch} = 1 + e_C$,

$Z_{Hl} = 1 - e_H$, $Z_{Ch} = 1 + e_H$。

假设 Z_C 和 Z_H 相互独立。e_C 和 e_H 分别通过与 GDP 和住宅房地产投资的数据对比来进行参数校准。根据国家统计局颁布的"全国宏观经济综合景气指数"(简称"宏观景气指数")"全国房地产开发业综合景气指数"(简称"国房景气指数"),将

第四章　房地产抵押贷款首付率、交易成本调整政策的经济作用

2000年一季度至2020年四季度各个时间段分别确定为两个部门的扩张或紧缩状态。

根据模型，房价动态转移可以分为不考虑土地因素和考虑土地因素两种情况，如图4-3所示。

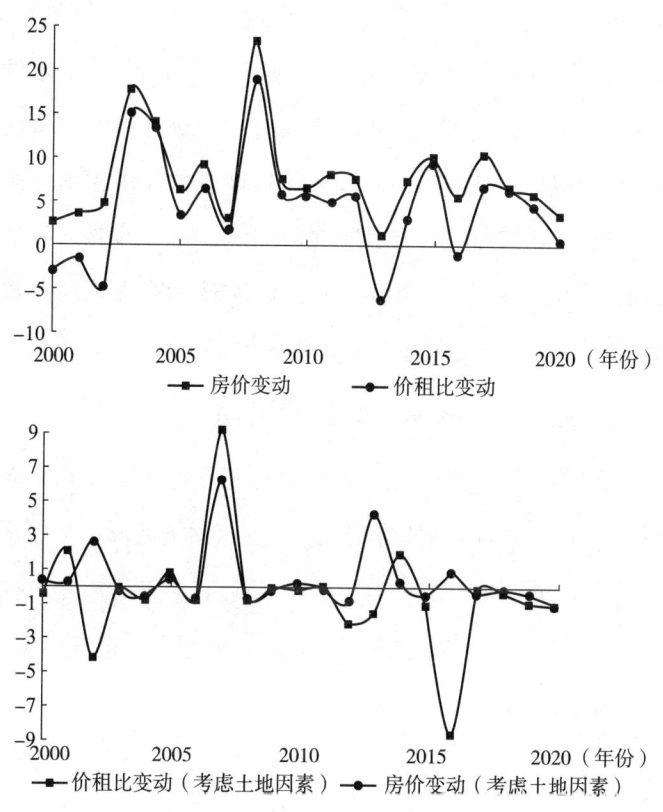

图4-3　模型结果：房价变化与价租比变化

资料来源：根据搜房网-中国指数研究院宏观版、城市版数据库2004年一季度至2020年四季度数据计算。

由图4-3可以观察到在房地产繁荣时期，价租比波动不

如房价波动那么剧烈。这可能是因为经济形势较好时,房价上涨,租金也上涨,价租比的涨幅一部分被租金涨幅抵消掉了。可以看出,模型模拟的结果较好,但是价租变动比较房价变动更为平缓这一情况,比起实际数据还要明显得多。

如果考虑土地因素,房地产的供给变得更加缺乏弹性,所以房价的波动会更加剧烈一些。土地是拉动房价上涨的刚性因素。由图4-3可以发现,2004年以前,土地对房价和价租比的影响并不明显,这是因为2004年以前多数在售楼盘并非通过购买或租赁的方式获得土地,因此土地并不足以构成房价上涨的主要理由。而在2005年之后,图4-3中有无土地因素的差异非常明显,土地应该作为重要的考量因素之一。

(三)价租比对投资收益率预测作用

怎么利用价租比来预测未来的投资收益变动呢?下面用pr_t^i表示个体i在t时刻的价租比,k表示预测区间,R表示预期回报,Δr表示房租增长率,估计系数α^R表示价租比对预期回报的预测程度,系数α^r表示价租比对房租增长的预测程度。则有预测方程如下:

$$\frac{1}{k}\sum_{j=1}^{k}R_{t+j}^i = \alpha + \alpha^R pr_t^i + \varepsilon_{t+k} \quad \frac{1}{k}\sum_{j=1}^{k}\Delta r_{t+j}^i = \alpha + \alpha^r pr_t^i + \varepsilon_{t+k}$$

采用北京大学社会调查中心CFPS 2008—2011年的居民户数据和搜房网-中国指数研究院数据,根据模型计算得到表4-6的结果。表4-6报告了用价租比来预测房地产租金率、一般金融资产收益率的回归结果:

第四章 房地产抵押贷款首付率、交易成本调整政策的经济作用

表4-6 房地产和一般金融资产的毛回报率(租金、分红)

用价租比预测房地产回报率(实际数据)						
k	系数 α^R	T统计量	R^2	系数 α^r	T统计量	R^2
1	-0.12	-2.2	5.6	0.00	-0.1	0.00
3	-0.10	-3.1	8.1	0.00	0.8	0.00
5	-0.09	-4.9	12.1	0.04	2.1	3.90
用价租比预测一般金融资产回报率(实际数据)						
k	系数 α^R	T统计量	R^2	系数 α^r	T统计量	R^2
1	-0.13	-2.3	9.1	-0.07	-2.81	4.97
3	-0.12	-3.2	13.7	-0.01	-1.90	3.70
5	-0.08	-4.5	16.9	0.01	0.67	0.93
用价租比预测房地产投资回报率(模型)						
k	系数 α^R	T统计量	R^2	系数 α^r	T统计量	R^2
1	-0.27	-15.67	10.29	-0.05	-5.45	1.92
3	-0.15	-20.02	13.66	-0.04	-4.32	1.56
5	-0.13	-25.55	35.86	-0.01	-3.22	0.44
10	-0.09	-30.53	54.61	-0.00	0.29	0.27
15	-0.04	-28.45	75.38	-0.00	0.21	0.32
用价租比预测一般金融资产投资回报率(模型)						
k	系数 α^R	T统计量	R^2	系数 α^r	T统计量	R^2
1	-0.12	-17.78	22.41	0.67	18.56	28.90
3	-0.06	-19.22	34.67	0.31	20.45	44.17
5	-0.04	-20.31	38.99	0.07	26.89	59.76
10	-0.02	-29.80	49.91	0.02	33.28	57.91
15	-0.01	-25.34	61.17	0.01	33.47	63.49

资料来源：数据采用北京大学社会调查中心CFPS 2008—2018年的居民户数据和搜房网-中国指数研究院宏观版、城市版数据库2008—2018年数据，根据模型计算得到。

用 $R^{i,E}$ 表示投资品的超额回报率，即超过无风险资产的回报率。用 pr_t^i 表示个体 i 在 t 时刻的价租比，k 表示预测区间，被估计系数 $\alpha^{R,E}$ 表示价租比对金融资产超额回报率的预测程度，被估计系数 $\alpha^{R,H}$ 表示价租比对房地产超额回报率的预测程度。则有回归方程如下：

$$\frac{1}{k}\sum_{j=1}^{k} R_{t+j}^{i,H} = \alpha + \alpha^{R,E} pr_t^i + \varepsilon_{t+k}$$

$$\frac{1}{k}\sum_{j=1}^{k} R_{t+j}^{i,E} = \alpha + \alpha^{R,E} pr_t^i + \varepsilon_{t+k}$$

采用搜房网-中国指数研究院 2008 年至 2018 年数据，根据模型计算得到表 4-7 的结果。表 4-7 报告了用价租比来预测房地产超额回报率（高于无风险回报率的部分）、一般金融资产超额回报率的回归结果：

表 4-7 房地产和一般金融资产的超额回报率

		房地产超额回报率			一般金融资产超额回报率		
	k	系数 $\alpha^{R,H}$	T 统计量	R^2	系数 $\alpha^{R,E}$	T 统计量	R^2
实际数据	1	-0.14	-1.6	7.97	-0.16	-2.1	14.82
	3	-0.15	-2.1	15.54	-0.11	-3.6	15.51
	5	-0.15	-3.7	23.69	-0.05	-3.7	15.94
模型	1	-0.15	-5.87	2.23	-0.08	-7.17	5.01
	3	-0.12	-5.76	3.57	-0.07	-6.98	6.29
	5	-0.07	-5.82	8.78	-0.04	-3.22	5.82
	10	-0.06	-6.77	15.92	-0.01	-1.89	1.01
	15	-0.03	-7.10	20.61	-0.00	-0.76	0.17

资料来源：采用搜房网-中国指数研究院宏观版、城市版数据库 2008 年 1 月至 2020 年 6 月数据，根据模型计算得到。

第四章　房地产抵押贷款首付率、交易成本调整政策的经济作用

表4-6和表4-7的结果显示了价租比对房地产投资收益、预期租金变动和预期金融资产投资收益以及预期超额收益的预测结果：

第一，可以看出用价租比预测回报率的相关系数估计大多是负数，这意味着价租比越高，房地产租金增长率和预期回报率越低。

第二，较高的价租比常常意味着较低的未来房产回报，或者说较低的未来房价折现率。也就是说，随着经济增长，价租比越高，房地产风险溢价越低，超额收益越少。这是因为，经济增长减少了消费者的收入风险，降低了信贷限制，抵御了消费者收入变动的风险，房地产风险溢价下降，未来房产超额风险收益减少。

第三，较高的价租比可能意味着较低的未来租金增长率。过去人们常常认为，较高的价租比意味着未来预期外的租金增长——这是因为在部分均衡模型中，往往忽视内生变化的折现因子和消费者投资决策选择。一般均衡的模型中，正的经济冲击会导致贴现因子下降，个人投资和购买房产增加，价租比高实际上意味着未来更多的房产供给，因此未来的预期租金实际上是会下降的。因此，虽然较高的价租比反映了未来的房地产租金回报率下降，但是因为预期房价和房产总值会上升，所以总体而言，经济繁荣还是会导致房地产价租比上升。

九、房地产财富和金融财富分配的差异化

表 4-8 风险承担：个人消费差异化与边际效用替代

年龄	个人消费占总消费比重：截面数据标准差					基尼系数
	全部	≤35	36—50	51—65	>65	全部
模型一，$\phi=1$	79.63	49.44	55.74	70.72	81.56	37.63
模型二，$\phi=1$	77.30	47.86	54.08	68.38	76.82	36.42
模型一，$\phi=0.9$	78.68	49.75	55.51	70.43	80.14	37.44
模型二，$\phi=0.9$	75.72	48.66	54.51	68.26	75.50	36.34
年龄	个人消费跨期边际替代率：截面数据标准差					消费增长率波动
	全部	≤35	36—50	51—65	>65	全部
模型一，$\phi=1$	60.35	64.88	57.90	66.43	33.08	45.05
模型二，$\phi=1$	55.14	62.96	54.89	55.80	28.35	42.37
模型一，$\phi=0.9$	59.46	62.23	57.48	67.65	31.84	44.65
模型二，$\phi=0.9$	54.65	60.83	55.37	56.50	28.22	42.30

资料来源：采用北京大学社会调查中心 CFPS 2008—2018 年的居民户数据计算得到。

本书从四个维度考察消费差异化和风险承担问题：个人消费占总消费比例的截面标准差、消费变动方差、消费基尼系数、个人跨期消费边际替代率的截面标准差。前三个主要描述消费差异化程度，第四个维度描述风险分担问题。

完全市场意味着完美风险分担，跨期边际替代率的标准差越高，风险分担越差。模型一到模型二，风险溢价下降，风险分担上升，消费差异化降低。风险分摊能力提高，因为金融自由增加可获得信用，降低交易成本可获得额外信贷，借贷能力增加，个人拥有更多保险。

第四章 房地产抵押贷款首付率、交易成本调整政策的经济作用

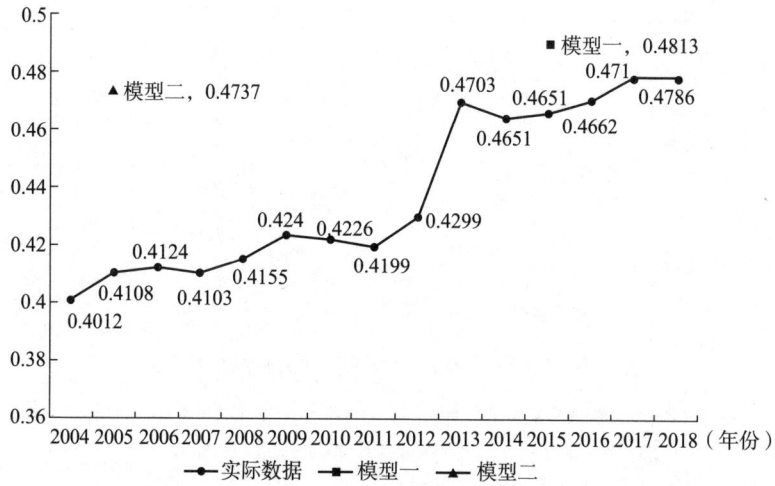

图 4-4 分配差异化：房地产财富基尼系数模型

资料来源：采用北京大学社会调查中心 CFPS 2008—2018 年居民户数据，搜房网-中国指数研究院宏观版、城市版数据库 2004—2018 年数据，2005 年和 2020 年全国人口普查数据，根据模型计算得到。

图 4-4 和图 4-5 分别显示了 2004—2018 年我国住宅房地产和金融资产的基尼系数变化。实际数据的情况从 2004 年到 2018 年，我国的住房抵押贷款首付率大体上呈波动上升的趋势，住宅房地产相关税费和交易成本也呈上升态势。相应的模型中，提高住房抵押贷款首付率、增加购房交易成本的模型即为从模型二到模型一的模拟结果。在这一阶段，房地产基尼系数实际数据增长了 8.83%，相应的模型中，提高住房抵押贷款首付率、增加购房交易成本的模型模拟结果，即从模型二到模型一模拟结果基尼系数下降了 0.75%；金融资产基尼系数实际数据上升了 0.4%，相应的模型中，金融资产财富基尼系数模

141

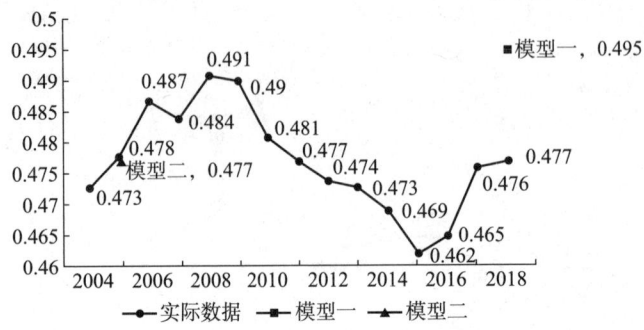

图 4-5 分配差异化：金融资产财富基尼系数模型

资料来源：采用北京大学社会调查中心 CFPS 2008—2018 年居民户数据，搜房网-中国指数研究院宏观版、城市版数据库 2004—2020 年数据，2005 年和 2020 年全国人口普查数据，根据模型计算得到。

拟结果上升了 1.8%。

为什么房地产优惠政策降低首付率、减免房地产税费等交易成本，会导致房产财富差异化降低和金融资产财富差异化的增加呢？根据模型，在更容易获得抵押贷款信用和房产交易成本较低的情况下，对房地产市场的优惠政策提高了消费者的风险分担，使更多信用资质较差、经济能力较弱的消费者购买了房产，降低了房产财富的差异化，而房地产长期的正的财富作用，也会导致消费差异化降低；而房地产市场较低的首付率政策，会导致信用和消费扩张，也会使抵押借贷消费者的信用状况恶化，风险上升，同时中低收入消费者用于购买房产积累的首付款会挤出用于购买金融产品的资金，从而导致金融差异化加剧。需要注意的是，虽然房地产优惠政策会促进房产消费的平等发展，但是宽松的首付率、较低的税费可能导致大量投

第四章 房地产抵押贷款首付率、交易成本调整政策的经济作用

机、投资性购房需求的出现,导致风险上升、信用恶化,可能导致房价泡沫产生的同时金融财富和总财富的基尼系数进一步升高。因此,只考虑房地产市场自身的变化来制定相关政策会显得比较片面,有可能导致金融市场风险增加。适当地运用政策工具,同时盯准价租比和金融信贷等数据,对房地产政策的合理化调整非常重要。

第五章 结 论

一、基本结论

近年来，随着房地产市场呈井喷式增长，出现了房地产投资投机需求增加、房价增长过快等现象。住宅房地产价格成了学术界和政策制定者广泛关注的问题。对个人消费者而言，房价上涨，可能会导致家庭净财富增加，继而带来财富作用，但是也由于房价过高、增长过快，给个人购买房产者带来了较大的负担，消费者有可能为了积累首付、支付利息和住房抵押贷款而挤出消费、缩减其他一般投资。这些消费选择会给宏观经济带来一定程度上的冲击。在我国，不同的家庭，其消费方式、财富水平和投资偏好差异较大，同样的宏观经济条件和政策会带来不同的福利效果，因此，从异质性消费者的行为出发考察房地产价格上涨对不同家庭带来的影响具有较为实际的意义。一般认为，我国的消费者具有积累房地产财富的动机，因此房地产作为一种财富可以直接进入效用函数。消费者购买住宅房地产的自住需求和投资需求都会受到购买成本的影响，包括交易成本（增值税、营业税）和首付率（首付率、利率）。政

第五章 结 论

府往往通过调整以上几个变量来对房地产市场的需求进行调整，因此，考察交易成本和首付率的相关政策法规对房地产投资、消费的影响（尤其是不同年龄段、不同财富水平的消费者的福利效果）是很重要的。本书研究的住宅房地产投资与宏观经济政策的关系，既是当今的热点问题，也是一个比较复杂的、有较多人参与探讨的问题。由于我国处在一个快速发展和变革的阶段，国外的经验和结论往往不能直接应用于中国国情，因此，对宏观经济变量与房地产市场的互动关系，学术研究常常出现不一致的意见。

基于这种情况，本书首先在第三部分对宏观经济变量和房地产市场的互动关系进行了系统性的梳理，发现了一些我国不同于西方发达国家和其他亚洲经济体的特点，比如：我国的住宅房地产投资实际上处于发展前期，还远远没有进入成熟期；我国部分城市的房价较高，但是从房价收入比和价租比的角度考察，泡沫并不是持续存在的；我国的住宅房地产财富作用是正的；我国的股票市场和住宅房地产市场具有单向格兰杰因果关系；我国的金融信贷体系与住宅房地产市场具有双向格兰杰因果关系。

考察了以上宏观经济要素与房地产市场的互动关系以后，本书将研究重点放在我国的房地产市场调整政策上，主要包括：改变交易成本（营业税、增值税）和首付率限制的政策和土地供给政策。关注点在于，对不同财富水平、收入能力和年龄阶段的异质性消费者，房地产政策产生的经济效果和福利影响如何。本书还采用参数校准的方法，分析住宅房地产财富差异化和金融资产财富差异化对交易成本、信贷约束的政策变动的反应。本书的结论，可以总结如下：

（一）本书的实证结论

在本书的第三章，笔者采用了数据平稳性检验，协整性检验和误差修正模型、VaR模型，格兰杰因果关系检验，参数校准法，Youngblood检验等技术方法，系统考察了以下几个问题：房地产投资与宏观经济波动之间有何互动关系？习惯形成条件下我国的消费者住房和金融财富作用是怎样的？我国的股票市场和房地产市场之间的互动关系如何？我国房地产价格泡沫水平如何？得到结论如下：

第一，居民收入和GDP对房地产的影响比较显著。其作用渠道：一是居民收入增长，房地产消费和投资需求增加，租金上升，房价因此上升；二是房地产生产企业会增加新的投资，建设生产增加，房价可能会下降，两方面互动结果最终决定了房价。但是由于房地产生产周期较长、土地供应有限等问题，房地产供给在短期内难以迅速调整，因此房价主要反映了居民收入和需求增长的结果。房地产投资是GDP的格兰杰结果而不是原因，经济向好，房地产投资一定会增加，反之则未必。

第二，居民的房地产具有财富作用和成本作用。一方面，房地产可能具有财富作用，居民财富增加，消费增加，GDP随之增长；另一方面，回归结果表明，房价上升，租金增加，

第五章 结 论

用于房产消费的储蓄要求可能会提高,可能会在短期挤出居民的一般消费和非房产投资。房价波动对企业的成本也有影响:房地产价格上升时,居民生活成本(房租)随之上升,社会劳动力价格上升,因此企业成本增加,就业机会减少,物价随之上涨。根据我国的情况,采用习惯性消费的模型中,财富作用表现出明显的正面作用。因此,在采取政策手段调节房地产泡沫的同时,要警惕房价下降对中长期消费的不利影响。

第三,我国的股票市场和房地产市场是普通消费者最重要的两个投资渠道。房屋销售波动是股票流通值波动的格兰杰原因,而股票流通值波动不是房屋销售波动的格兰杰原因。这与国内的很多研究结果并不相同,意味着国家对虚拟经济的调整,在此渠道中可能不会引起实体经济的直接变化。可能因国家为调控宏观经济,货币和财政政策经常针对房地产市场进行调控,由于房地产市场的生产环节较多、产业链较长,在长期会对股票市场产生作用,但是短期作用并不明显。

第四,金融信贷规模增加、利率下降,房地产投资增加,GDP 增加。进一步,大量的房地产信贷流向房地产行业,会增加信贷资金风险,反过来影响房价和投资。在中国使用银行信贷总量的方法控制房价,理论上是可以接受的。

第五,使用房价收入比数据,根据 Youngblood 法对房价泡沫进行检验的结果表明:我国的住宅房地产的泡沫在 21 世纪头十年时而显现。一线城市如北京、上海、深圳,房价收入比超出了国际水准,泡沫较为显著。

(二)本书的理论模型和参数校准结果

在本书的第二章,建立了一个含有两部门生产、多种投资、OLG 生命周期的异质性消费者一般均衡模型。其中,生产部门分为房地产生产或一般消费品生产。两部门生产企业从消费者手中贷款用于追加投资,追加投资具有资本调整成本,发行股票,利用劳动、资本、土地生产房地产,利用资本和劳动生产一般消费品,全部利润用于支付利息和股票分红。消费者服从 OLG 模型的假设,一般消费和房产消费均可以给消费者带来正的效用。消费者的劳动收入和投资收益全部用于消费、支付交易成本、购买股票、投资债券、购买房产。此外,消费者受到抵押借贷约束和首付率的相关限制。相对富裕的消费者持有两部门股票和债券,而财富较少的消费者背负住房抵押贷款,也不持有股票。没有退休的消费者劳动税全部用于支付退休后消费者的退休金。求解模型均衡之后,本书采用参数校准的方法,考察了以下几个问题:如果房地产市场调节政策降低了首付率要求和税费等交易成本,对宏观经济变量和房地产价格的短期波动和长期稳态有何影响?对金融市场和房地产市场的投资回报率会产生怎样的影响?对不同的年龄、收入的消费者群体的财富分配,又会产生怎样的作用?模型的参数校准结果总结如下:

首先,首付率和交易成本下降,会导致风险溢价下降,价租比上升。这是因为:第一,降低贷款准入条件,信用规模扩张,那么即使意外的预期收入下降,消费者也可以获得额外信

第五章 结 论

用，缓冲了风险；第二，降低房地产交易成本，消费者抵押借贷约束中的个人借贷能力上升了，这相当于提高了个人保险，风险分担能力上升，风险溢价下降。需要注意的是：自由度扩大，风险溢价下降，但利率是不下降的。实际上，内生的利率可能会因此上升，但是风险溢价下降导致的价租比上升抵消了这部分上升利率导致的价租比下降趋势。

其次，模型均衡价租比上升，意味着理性预期的消费者预期回报较低。这可能是因为房价上涨期间，房产生产增加，存量房增多，租金下降，价租比上升。这不意味着是更高的预期租金。

最后，首付率下降导致了房地产市场的短期波动，扩大了金融财富的差异化，但是对房地产财富的差异化没有显著作用或者有微弱的负面作用。以上结果说明：房地产住房抵押贷款首付率和交易成本水平会对价租比和房价产生影响：当房地产交易成本上升、信用收紧时，价租比会下降；银行信用总量上升时，价租比同步上升；经济增长放缓时，金融规模紧缩，房价继而下降。因此可以得出结论，房价的波动，其实质是投资品风险溢价的改变，这取决于房地产信用规模和交易成本的周期性变动冲击。降低交易成本、扩大信用规模可能会导致房地产价格泡沫、居民金融财产和总财产分配的差异化，但是不一定会导致一般消费和住房消费的差异化。

二、本书的不足和可进一步研究的方向

总的来说，本书为研究我国住宅房地产市场的相关参与者，包括消费者、企业和政府的行为提供了一个均衡框架下的思路。相比已有的文献，进行了更为深入具体的研究，模型的设定更加符合实际，实证过程也更加微观、细致，因而更加具有理论和实际的意义，富于挑战性。但是由于本人水平、数据缺乏、研究时间有限等客观条件，本书的研究还存在以下一些不足和可拓展之处。

首先，可以考虑对家庭的资产组合进行进一步的完善和细分，建立更为细致合理的模型。由于受到计算条件的限制，为了得出可行的计算路径，本书考虑了房地产投资、股票投资和债券投资比例这两个变量。这种用来考虑资产投资组合的抽象问题可以较为简单地计算出投资收益率和回报率。这些资产只有房地产进入了消费者的效用函数，而实际情况是，消费者可能关注的是所有财富的总价值，包括房地产、风险资产和无风险资产。因此，对消费者在多种资产之间的选择和配置的过程，还需要进一步研究。

其次，在对土地的处理上，模型假设土地由政府无限量提供，能够满足房地产生产商的利润最大化要求。这样设定的好处是在求解均衡时较为简便，且在我国土地供给市场的宏观层面上具有一定程度的合理性。根据1998年制定的土地法，各地的用地指标应该由国家统一下发。而土地稀缺的城市和地

第五章 结 论

区，常常通过增大容积率，加高层数、拆迁和改变土地性质来满足用地需求。在微观层面上，假设外生的土地供给可能存在一些问题，比如，一部分城市和地区的土地供给非常紧张，无法满足开发商的需要，土地拍卖价格非常昂贵。比较可能的一种改进是：假设土地供应具有一个外生的限度，高于此限度的土地供给，则与本书模型一致，低于此限度的土地供给，则设为供给不足，土地价格上涨。

再次，由于受到数据样本的限制，在参数校准的过程中，只考察了有限数量的消费者和相关数据。比如，70岁以上的消费者数量较少，得到的结果可能与现实有较大差距，进而影响其信度。

最后，本书只考察了封闭经济条件下的消费者投资、消费行为。实际上，在经济全球化的形势下，我国的宏观经济和住宅房地产市场的联系并不完全符合封闭经济的假设。模型可以在小国开放经济和两国交换经济的条件下进行推广。因为影响个人的投资行为的因素，比如，利率水平和风险往往受到国际经济环境的影响。美国次贷危机和欧债危机爆发以来，我国的贸易、消费、利率和房地产市场均受到了不同程度的影响。而我国今年也曾经出现过，利率和房价同时上涨的情况。这些问题在开放经济的假设下能够得到更好的解释。在开放经济的假设下，研究我国房地产市场和宏观经济的互动关系，政府对交易成本、信贷约束进行调整的政策效果以及福利效应，将具有更高的价值。

附 录

附录一 两部门冲击的参数设定

假设一般消费品生产部门和房地产生产部门的技术冲击 (Z_C, Z_H) 服从两种状态的独立马尔科夫链。消费者异质性冲击 Z_t 代表了消费者的个体冲击差异。两部门加总的技术冲击过程 Z_C 和 Z_H 的参数校准分别服从两阶段马尔科夫链。分别用 H 和 C 表示房产和消费，用 l 和 h 表示经济紧缩和扩张两种状态。经济环境中每种冲击的可能取值分别如下所示：

$$\{Z_C = Z_{Cl}, Z_C = Z_{Ch}\}, \{Z_H = Z_{Hl}, Z_H = Z_{Hh}\}$$

则可能出现四种情况：
$Z_C = Z_{Cl}, Z_H = Z_{Hl}$
$Z_C = Z_{Ch}, Z_H = Z_{Hl}$
$Z_C = Z_{Cl}, Z_H = Z_{Hh}$
$Z_C = Z_{Ch}, Z_H = Z_{Hh}$

每一种冲击如下： $Z_{Cl} = 1 - e_C$, $Z_{Ch} = 1 + e_C$,
$Z_{Hl} = 1 - e_H$, $Z_{Ch} = 1 + e_H$,

其中，e_C 和 e_H 分别通过与 GDP 和住宅房地产投资的数据对比来进行参数校准。假设 Z_C 和 Z_H 相互独立，转移矩阵分别

为 P^C 和 P^H。则总的转移矩阵如下：

$$P = \begin{bmatrix} p_{ll}^H P^C & p_{lh}^H P^C \\ p_{hl}^H P^C & p_{hh}^H P^C \end{bmatrix}$$

其中，$P^H = \begin{bmatrix} p_{ll}^H & p_{lh}^H \\ p_{hl}^H & p_{hh}^H \end{bmatrix} = \begin{bmatrix} p_{ll}^H & 1-p_{ll}^H \\ 1-p_{hh}^H & p_{hh}^H \end{bmatrix}$

同样可以得到 P^C。下面，给矩阵赋值如下：

$$P^H = \begin{bmatrix} 0.6 & 0.4 \\ 0.25 & 0.75 \end{bmatrix} \quad P^C = \begin{bmatrix} 0.6 & 0.4 \\ 0.25 & 0.75 \end{bmatrix}$$

$$P = \begin{bmatrix} 0.36 & 0.24 & 0.24 & 0.16 \\ 0.15 & 0.45 & 0.10 & 0.30 \\ 0.15 & 0.10 & 0.145 & 0.30 \\ 0.625 & 0.1875 & 0.1875 & 0.5625 \end{bmatrix}$$

根据国研网公布的 2000 年到 2020 年的"宏观经济景气指数"季度数据，区分经济快速扩张时期和相对紧缩时期，将二者的时间跨度相比较，得到比例数字 5.92。定义紧缩时期为 $\{Z_{Cl}, Z_{Hl}\}$，则持续紧缩的概率为 $p_{ll}^H p_{ll}^C = 0.36$，也就是说，紧缩时期将持续 $1/(1-0.36) = 1.56$ 年。同理可以定义扩张时期为 $\{Z_{Ch}, Z_{Hh}\}$，$\{Z_{Ch}, Z_{Hl}\}$ 或 $\{Z_{Cl}, Z_{Hh}\}$。因此，有 1 种紧缩和 3 种扩张，一共 4 种经济状态。平均时间用一个 4×1 条件分布向量 $P\pi$ 表示，$P\pi = \pi$（π 是特征向量）：

$$\pi = \begin{pmatrix} 0.1479 \\ 0.2367 \\ 0.2367 \\ 0.3787 \end{pmatrix}$$

这意味着经济紧缩的概率为 14.79%,扩张的概率为 85.21%,二者比例为 5.76。

异质性收入冲击服从一阶马尔科夫过程:

$$\log(Z_{a,t}^i) = \log(Z_{a-1,t-1}^i) + \varepsilon_{a,t}^i$$

其中,ε 的取值如下:

$$\varepsilon_{a,t}^i \begin{cases} \sigma_E & p=0.5 \\ -\sigma_E & p=0.5 \end{cases} \quad if\ Z_{C,t} \geq E(Z_{C,t})$$

$$\varepsilon_{a,t}^i \begin{cases} \sigma_R & p=0.5 \\ -\sigma_R & p=0.5 \end{cases} \quad if\ Z_{C,t} < E(Z_{C,t}\ \sigma_R > \sigma_E)$$

附录二 数值解过程

给定了初始经济状态、消费者的偏好和约束,使用动态规划求解消费者最优问题。在此基础上,求解整个经济的均衡和最优。

经济状态信息变量对 $(Z_t,\ \mu_t)$ 中的 μ_t 定义在向量空间 S 上:

$$S = (A \times Z \times W \times H)$$

其中,年龄集合用 A 表示:$A=(1, 2, \cdots, A)$,异质性个人冲击(能力或收入)用 Z 表示,每一期初始金融财富用 W 表示,每一期初始房产财富用 H 表示。这就是说,μ_t 是定义不同年龄、能力、初始金融财富、初始房产财富水平的个人状况分布。则个体 i 在 t 时刻的状态向量可以表示为:

$$\mu_t^i = (Z_t^i,\ W_t^i,\ H_t^i)$$

下面使用动态规划的方法解决消费者问题。本书的方法参考了 Krusell 和 Simth(1998)，Rios-Rull 和 Sanchez-Marcos(2006)，Storesletten 和 Yaron(2007)，Gomes 和 Michaelides(2008)，Favilukis(2008)等经典文献。加总的状态变量如下：

$$\mu_t^{AG} = (Z_t, K_t, S_t, H_t, p_t^H, q_t, q_{l,t})$$

其中，$K_t = K_{C,t} + K_{H,t}$

且有 $S_t = \dfrac{K_{C,t}}{K_{C,t} + K_{H,t}}$

状态变量包括可观测的加总的技术冲击，加总的资本存量，资本存量中的消费部门占比，总房屋存量，房价和无风险债券价格。状态变量比较多，而存在两个资本市场（债券和房地产）需要出清，所以求解会比较困难。为了解生产企业动态规划的问题，引入托宾的 Q 值，并定义 $V(K_t) = Q_t K_t$。

为了解决个人动态规划问题，必须使用 μ_t^{AG}，μ_t^i，Z_{t+1} 表示 μ_{t+1}^i 和 μ_{t+1}^{AG}。消费者的个人预期可以用以下五个要素表示：

$$\text{个人预期} \begin{cases} K_{t+1} \\ p_{t+1}^H \\ q_{t+1} \\ q_{l,t+1} \\ \left[\dfrac{\beta_{t+1} \Lambda_{t+1}}{\Lambda_t}(Q_{C,t+1} - Q_{H,t+1}) \right] \end{cases} \begin{cases} Q_{C,t+1} = V_{C,t+1}/K_{C,t+1} \\ Q_{H,t+1} = V_{H,t+1}/K_{H,t+1} \end{cases}$$

其中，定义 $M_{t+1} \equiv \dfrac{\beta_{t+1} \Lambda_{t+1}}{\Lambda_t}$。因此，消费者得到加总的状态

变量的线性方程约等式：

$$\aleph_{t+1} = A^{(n)}(Z_t, Z_{t+1}) \times \widetilde{\aleph}_t \quad (4-27)$$

其中，

$$\aleph_{t+1} \equiv \{K_{t+1}, p_{t+1}^H, q_{t+1}, q_{l,t+1}, [M_{t+1}(Q_{C,t+1}-Q_{H,t+1})]\}'$$

$$\widetilde{\aleph}_t \equiv [K_t, p_t^H, q_t, q_{l,t}, S_t, H_t]'$$

给定 $A^{(0)}(Z_t, Z_{t+1})$，可以根据公式（4-26），可以使用 μ_t^{AG}，μ_t^i，Z_{t+1} 表示出 μ_{t+1}^i 和 μ_{t+1}^{AG}。进一步推导出 $A^{(n)}(Z_t, Z_{t+1})$。

$$\frac{B_{H,t}}{K_{H,t}} = \frac{B_{C,t}}{K_{C,t}} + \frac{1}{2\varphi} E_t[M_{t+1}(Q_{C,t+1}-Q_{H,t+1})] \quad (4-28)$$

其中，$E_t[M_{t+1}(Q_{C,t+1}-Q_{H,t+1})]$ 是可以通过公式（4-27）计算得到的（Z_t 和 $\widetilde{\aleph}_t$ 已知，Z_{t+1} 是可以赋值的）。

对于公式（4-28），要考虑消费部门的生产最优选择问题，如下：

$$V(K_{C,t}) = \max_{B_{C,t}, N_{C,t}} \{Z_{C,t} K_{C,t}^\alpha N_{C,t}^{1-\alpha} - w_t N_{C,t} - q_t B_{C,t} - \varphi\left(\frac{B_{C,t}}{K_{C,t}} - \delta\right)^2 + E_t[M_{t+1} V(K_{C,t+1})]\}$$

根据一阶条件，最优劳动选择有：$N_{C,t} = \left(\dfrac{Z_{C,t}(1-\alpha)}{w_t}\right)^{1/\alpha} K_{C,t}$

带入上面公式，劳动市场均衡时，得到新的最优化问题如公式（4-29）所示：

$$V(K_{C,t}) = \max_{B_t} \{X_{C,t} K_{C,t} - q_t B_{C,t} - \varphi\left(\frac{B_{C,t}}{K_{C,t}} - \delta\right)^2 K_{C,t} + E_t[M_{t+1} V(K_{C,t+1})]\}$$

$$(4-29)$$

其中，

$$K_{C,t+1} = (1-\delta)K_{C,t} + B_{C,t}$$

$$X_{C,t} \equiv \alpha \left(\frac{Z_{C,t}}{W_t}(1-\alpha) \right)^{\frac{1-\alpha}{\alpha}} Z_{C,t}$$

同理,房地产生产部门的最优化问题如公式(4-30)所示:

$$V(K_{H,t}) = \max_{B_{H,t},N_{H,t}} \{ p_t^H Z_{H,t}(Lt)1 - \phi(\phi - w_t N_{H,t} - q_t B_{H,t} - q_l l_t)$$
$$-\phi(^-\delta)2 + E_t[M_{t+1}V(K_{H,t+1})]\} \quad (4-30)$$

根据一阶条件,房地产生产部门作出最优劳动选择且在土地供求均衡的条件下,假设劳动-资本比例和土地-资本比例分别为 k_N 和 k_L,则有:

$$k_N = K_{H,t}/N_{H,t} = (k_1^{\phi(1-v)} k_2^{1-\phi})^{1/v\phi}$$

$$k_L = K_{H,t}/L_t = (k_1^{\phi(1-v)} k_2^{1-\phi(1-v)})^{1/\phi v}$$

$$k_1 = p_t^H Z_{H,t} \phi (1-v)/w_t$$

$$k_2 = p_t^H Z_{H,t} (1-\phi)/q_{l,t}$$

带入房地产生产部门的问题,得到新的 $V(K_{H,t})$ 如公式(4-31)所示:

$$V(K_{H,t}) = \max_{B_t} \{ X_{H,t} K_{H,t} - B_{H,t} q_t - l_t q_{l,t} - \phi(^-\delta)2K_{H,t} + E_t[M_{t+1}V(K_{H,t+1})]\}$$

$$(4-31)$$

$$s.t. \ K_{H,t+1} = (1-\delta)K_{H,t} + B_{H,t}$$

$$X_{H,t} = p_t^H Z_{H,t} \phi v k_N^{(1-v)\phi} k_L^{1-\phi}$$

用 s 代表部门($s=C, H$),则有:

$$V(K_{s,t}) = Q_{s,t+1} K_{s,t+1} \quad (4-32)$$

加总的状态变量决定了 $Q_{s,t+1}$,且 $Q_{s,t+1}$ 不受资本存量和追加投资的影响。把公式(4-32)带入公式(4-29)，得到公式(4-33)：

$$V(K_{s,t}) = \max_{B_t} X_{s,t} K_{s,t} - q_{s,t} B_{s,t} - q_{l,s,t} l_t - \phi(^-\delta) 2 K_{s,t}$$
$$+ E_t [M_{t+1} Q_{s,t+1}][(1-\delta) K_{(s,t)} + B_{(s,t)}] \quad (4-33)$$

由一阶条件可知：

$$\frac{B_{s,t}}{K_{s,t}} = \delta + \frac{E_t[M_{t+1} Q_{s,t+1}] - 1}{2\phi} \quad (4-34)$$

公式(4-34)带入公式(4-33)，得到统一的形式：

$$V(K_{s,t}) \equiv Q_{s,t} K_{s,t} = X_{s,t} K_{s,t} - \left(\delta + \frac{E_t[M_{t+1} Q_{s,t+1}] - 1}{2\phi} \right) K_{s,t}$$
$$- \phi \left(\frac{E_t[M_{t+1} Q_{s,t+1}] - 1}{2\phi} \right)^2 K_{s,t} + (1-\delta)(E_t[M_{t+1} Q_{s,t+1}]) K_{s,t}$$
$$+ E_t[M_{t+1} Q_{s,t+1}] \left(\delta + \frac{E_t[M_{t+1} Q_{s,t+1}] - 1}{2\phi} \right) K_{s,t}$$

得到了 $Q_{s,t}$ 的递归形式：

$$Q_{s,t} = X_{s,t} + (1-\delta) + 2\phi \left(\frac{E_t[M_{t+1} Q_{s,t+1}] - 1}{2\phi} \right) + \varphi \left(\frac{E_t[M_{t+1} Q_{s,t+1}] - 1}{2\phi} \right)^2$$
$$(4-35)$$

注意，因为 $Q_{s,t}$ 只取决于 $X_{s,t}$ 和 $Q_{s,t+1}$，与下期资本存量 $K_{s,t+1}$ 和本期新增投资 $B_{s,t}$ 没有关系，因此可以表示成公式(4-32)的形式，即

$$V(K_{s,t+1}) = Q_{s,t+1} K_{s,t+1} \quad (4-32)$$

虽然 $Q_{s,t}$ 与下期资本存量 $K_{s,t+1}$ 和本期新增投资 $B_{s,t}$ 没有关系，但是在均衡模型中，$Q_{s,t}$ 与新投资-存量资本比率存在以下

关系：

$$Q_{s,t}=X_{s,t}+(1-\delta)\left[1+2\varphi\left(\frac{B_{s,t}}{K_{s,t}}-\delta\right)\right]+\varphi\left(\frac{B_{s,t}}{K_{s,t}}\right)^2-2\varphi\delta\left(\frac{B_{s,t}}{K_{s,t}}\right)$$

(4-36)

这相当于将公式(4-34)带入公式(4-35)，则得到两部门生产厂商的投资-资本率关系，即公式(4-28)。

根据公式(4-36)，可以看出居民户可以通过(μ_t^i，μ_t^{AG})和Z_{t+1}预测(μ_{t+1}^i，μ_{t+1}^{AG})，给定每一期的资本存量K_t和两部门投资比例S_t就可以求得两部门资本存量，带入公式(4-27)，即可通过公式$K_{t+1}=(1-\delta)K_t+B_t$得出公式$B_t=B_{C,t}+B_{H,t}$，再代入公式(4-28)，即可解决消费者两部门债券-追加投资的问题。再根据两部门资本积累方程，即可解出下一期两部门资本存量$K_{S,t+1}$。再用两部门资本下期存量代入公式，可以解出下期投资比例S_{t+1}。根据土地固定供给条件$L_t=L$，和房地产部门的初始技术Z_H、资本存量$K_{H,t}$(本期水平可以观测到)，代入公式(4-15)和公式(4-21)，可以得到两部门劳动分配N_t、$N_{C,t}$和$N_{H,t}$。利用公式(4-27)可以得到下期价格水平的预测q_{t+1}和p_{t+1}^H。

要解决居民户的动态规划问题，需要先知道均衡的$V_{C,t}$，$V_{H,t}$。可以先通过公式(4-36)得到$Q_{s,t}$，再通过$V_{s,t}=Q_{s,t}K_{s,t}$得到$K_{s,t}$。则可知，对于一般居民户而言，两部门个人分红如下：

$$D_{C,t}=Y_{C,t}-q_tB_{C,t}-w_tN_{C,t}-\varphi_C\left(\frac{B_{C,t}}{K_{C,t}}\right)K_{C,t}$$

$$D_{H,t} = p_t^H Y_{H,t} - q_t B_{H,t} - q_{l,t} l_t - w_t N_{H,t} - \varphi_H \left(\frac{B_{H,t}}{K_{H,t}}\right) K_{H,t}$$

$$w_t = (1-\alpha) Z_{j,t} K_{j,t}^{\alpha} N_{j,t}^{-\alpha} = (1-v)(1-\varphi) p_t^H Z_{H,t} l_t^{\varphi} K_{H,t}^{-v(1-\varphi)} N_{H,t}^{-\varphi(1-v)-v}$$

又通过公式(4-15)和公式(4-21),可以得出 $N_{C,t}$ 和 $N_{H,t}$。最后,因为加总的技术冲击 Z_{t+1} 服从一阶马尔科夫链(见附录一)。因此,可以用 Z_t 表示 Z_{t+1}。

又已知异质性个人收入服从一阶马尔科夫过程:

$$\log(Z_{a,t}^i) = \log(Z_{a-1,t-1}^i) + \varepsilon_{a,t}^i$$

因此可以得到:

$$\mu_{t+1}^i = (Z_{t+1}^i, W_{t+1}^i, H_{t+1}^i)$$

注意,这里 H 是 $t+1$ 适合个体 i 的选择变量,且金融财富 W 包含股票、分红和债券三个部分。因此,我们得到消费者的规划问题如公式(4-37)所示:

$$V_{a,t}(\mu_t^{AG}, \mu_t^i) = \max_{H_{t+1}^i, \theta_{t+1}^i, B_{t+1}^i} U(C_t^i, H_t^i) + \beta \pi_i E_t [V_{a+1,t+1}(\mu_{t+1}^{AG}, \mu_{t+1}^i)]$$

(4-37)

此问题服从约束公式(4-6)、公式(4-7)、公式(4-8)和公式(4-9)。个人的情况分为退休和工作两种状态,因此公式(4-6)、公式(4-7)、公式(4-8)和公式(4-9)均有两种表述方式。此问题同时要服从状态空间变量,其公式如下:

$$\mu_{t+1}^{AG} = \Gamma^{(n)}(\mu_t^{AG}, Z_{t+1})$$

$\Gamma^{(n)}$ 表示由公式(27)消费者的理性预期加总而来的预测方程体系。下面讨论消费者的预期估计。

假设 $t=1$ 时刻市场出清,相对于 A 代群体外生冲击的影响足够小，使用拟合数据估计消费者个人预期的五个要素。假设消费者个人预期是冲击和当期状态变量的综合结果，因此，可以用 $A^{(0)}$ 和 $\widetilde{\aleph_t}$ 的线性组合表示，将消费者个人预期分别对 t 时刻的资本存量 K_t，投资比例 S_t，房产存量 H_t，房价 p_t 和利率 q_t 做回归。以此估计出一个新的 $A^{(n)} = A^{(1)}$。然后再使用 $A^{(1)}$ 重复这一过程。最终将得到一个序列 $\{A^{(n)}\}$ $n = 0$，1，2，…，直到估计方差足够小，回归系数微乎其微，新增冲击项不再显著影响预期为止。

参考文献

陈斌开,杨汝岱,2013.土地供给、住房价格与中国城镇居民储蓄[J].经济研究,(1):110-112.

陈钊,1998.我国居民住房需求的特征及其政策含义[J].消费经济,(2).

陈杰,2013.快速城市化进程中的城市住房贫困与住房不平等:以上海2000—2010为例[C].清华大学-恒隆房地产论坛:住房和居民消费行为研究.

崔光灿,2006.资产价格、金融加速器与经济稳定[J].世界经济,(1).

段忠东,曾令华,黄泽先,2007.房地产价格波动与银行信贷增长的实证研究[J].金融论坛,(2).

段忠东,2007.房地产价格与通货膨胀、产出的关系——理论分析与基于中国数据的实证检验[J].数量经济技术经济研究,(12).

冯科,2011.中国房地产市场在货币政策传导机制中的作用研究[J].经济学动态,(1).

樊潇彦,袁志刚,万广华,2007.收入风险对居民耐用品消费的影响[J]. 经济研究,(4).

高波,王文莉,李祥,2013. 预期、收入差距与中国城市房价租金"剪刀差"之谜[J]. 经济研究,(3):100-103.

韩立岩,杜春越,2011. 城镇家庭消费金融效应的地区差异研究[J]. 经济研究,(1).

何青,钱宗鑫,郭俊杰,2015. 房地产驱动了中国经济周期吗?[J]. 经济研究,(12):41-45.

何兴强,杨锐锋,2019. 房价收入比与家庭消费——基于房产财富效应的视角[J]. 经济研究,(12):102-107.

黄静,屠梅曾,2009. 房地产财富与消费:来自于家庭微观调查数据的证据[J]. 管理世界,(7).

黄志刚,许伟,2017. 住房市场波动与宏观经济政策的有效性[J]. 经济研究,(5):103-106.

胡国,宋建江,2005. 房地产价格波动与区域金融稳定[J]. 上海金融,(5).

江群,曾令华,2008. 一般均衡框架下货币政策信贷传导渠道研究[J]. 经济评论,(1).

况伟大,2014. 中国住房抵押贷款拖欠风险研究[J]. 经济研究,(2):155-159.

梁云芳,高铁梅,贺书平,2006. 房地产市场与国民经济协调发展的实证分析[J]. 中国社会科学,(1).

刘琳,刘洪玉,2003. 地价与房价关系的经济学分析[J]. 数量经济技术经济研究,(1).

刘修岩，李松林，2017. 房价、迁移摩擦与中国城市的规模分布——理论模型与结构式估计[J]. 经济研究，(7)：65-70.

李涛，陈斌开，2014. 家庭固定资产、财富效应与居民消费：来自中国城镇家庭的经验证据[J]. 经济研究，(3)：62-69.

李雪松，黄彦彦，2015. 房价上涨、多套房决策与中国城镇居民储蓄率[J]. 经济研究，(9)：100-104.

骆祚炎，2007. 城镇居民金融资产与不动产财富作用的比较分析[J]. 数量经济技术经济研究，(1).

吕江林，2010. 我国城市住房市场泡沫水平的度量[J]. 经济研究，(6).

梅冬州，崔小勇，吴娱，2018. 房价变动、土地财政与中国经济波动[J]. 经济研究，(1)：35-39.

孟宪春，张屹山，2021. 家庭债务、房地产价格渠道与中国经济波动[J]. 经济研究，(5)：75-80-85.

倪鹏飞，2019. 货币政策宽松、供需空间错配与房价持续分化[J]. 经济研究，(8)：87-91.

宁光杰，雒蕾，齐伟，2016. 我国转型期居民财产性收入不平等成因分析[J]. 经济研究，(4)：116-121.

帅友良，2005. 中国人口城市化对城镇住宅市场需求的影响[J]. 统计研究，(9).

孙伟增，邓筱莹，万广华，2020. 住房租金与居民消费：

效果、机制与不均等[J].经济研究,(12):132-105.

沈悦,刘洪玉,2004.住宅价格与经济基本面:1995-2002年中国14城市的实证研究[J].经济研究,(6).

唐志军,徐会君,巴曙松,2010.中国房地产市场波动对宏观经济波动的影响研究[J].统计研究,(2).

谭政勋,王聪,2015.中国住房需求持续高涨之谜:基于人口结构视角[J].经济研究,(5):118-121.

王频,侯成琪,2017.预期冲击、房价波动与经济波动[J].经济研究,(4):48-53.

王柏杰,何炼成,郭立宏,2011.房地产价格、财富与居民消费效应——来自中国省际面板数据的证据[J].经济学家,(1).

王松涛,刘洪玉,2009.以住房市场为载体的货币政策传导机制研究[J].数量经济技术经济研究,(10).

王国军,刘水杏,2008.房地产业对相关产业的带动效应研究[J].经济研究,(8).

吴斌珍,谢洁玉,2013.房价与居民储蓄:来自中国的证据[C].清华大学-恒隆房地产论坛:住房和居民消费行为研究.

武康平,皮舜,鲁桂华,2004.中国房地产市场与金融市场共生性的一般均衡分析[J].数量经济技术经济研究,(1).

颜色,朱国钟,2013."房奴效应"还是"财富效应"?房价上涨对国民消费影响的一个理论分析[J].管理世界,(1).

杨耀武,阎晶晶,2013.杨澄宇房屋资产与居民消费——

来自中国和欧元区国家的证据[J]．经济研究，(7)：65-68．

易成栋，黄友琴，2013．中国城市的房产消费与房产财富差异[C]．清华大学－恒隆房地产论坛：住房和居民消费行为研究．

原鹏飞，冯蕾，2014．经济增长、收入分配与贫富分化——基于DCGE模型的房地产价格上涨效应研究[J]．经济研究，(9)：77-82．

张红，2005．房地产经济学[M]．北京：清华大学出版社，(1)．

张辉，2018．居民家庭住房需求总量与动机模型分析[J]．首都经济贸易大学学报，2007(1)．张光利，刘小元．住房价格与居民风险偏好[J]．经济研究，(1)：110-114．

张莉，何晶，马润泓，2017．房价如何影响劳动力流动？[J]．经济研究，(8)：155-159．

张吉鹏，葛鑫，毛盛志，2021．家庭住房需求和资产配置——基于包含人力资本和禀赋异质性的生命周期模型[J]．经济研究，(7)：160-167．

张平，侯一麟，2016．房地产税的纳税能力、税负分布及再分配效应[J]．经济研究，(12)：118-123．

张涛，龚六堂，卜永祥，2006．资产回报，住房按揭贷款与房地产均衡价格[J]．金融研究，(1)．

张晓晶，孙涛，2006．中国房地产周期与金融稳定[J]．经济研究，(1)．

朱国钟,韩冰,2013.中国房地产市场解析[C].清华大学-恒隆房地产论坛:住房和居民消费行为研究.

郑思齐,刘洪玉,2006.住房需求的收入弹性:模型,估计与预测[J].土木工程学报,(7).

周颖刚,蒙莉娜,卢琪,2019.高房价挤出了谁?——基于中国流动人口的微观视角[J].经济研究,(9):106-109.

Zhi Wang,张庆华,2013.中国城市房地产市场的基本要素[C].清华大学-恒隆房地产论坛:住房和居民消费行为研究,.

Zan Yang,Charles Ka Yui Leung,2013.城市房价和人力资本投资:中国的情况[C].清华大学-恒隆房地产论坛:住房和居民消费行为研究.

Aiyagari, S. R., and M. Gertler, 1991. Asset Returns with Transactions Costs and Uninsurable Individual Risk[J]. Journal of Monetary Economics, 27: 311-331.

Auerbach, A. J. and M. A. King, 1983. Taxation, Portfolio Choice and Debt-Equity Ratios: A General Equilibrium Model [J]. Quarterly Journal of Economics, 587-609.

Abel, Andrew B., 1999. Risk Premia and Term Premia in General Equilibrium [J]. Journal of Monetary Economics 43: 3-33.

Attanasio, Orazio P. and Guglielmo Weber, 1995. Is consumption growth consistent with intertemporal optimization? Evidence from the Consumer Expenditure Survey[J]. Journal of Political Economy 103: 1121-57.

Benninga, S., and A. Protopapadakis, 1990. Leverage, Time Preference and the Equity Premium Puzzle[J]. Journal of Monetary Economics, 25: 49-58.

Bernanke, B. S., 2005. Remarks by Governor Ben S. Bernanke at the Sandridge Lecture, Virginia Association of Economics[C]. International Monetary Conference.

Berkovec, J. and D. Fullerton, 1989. The General Equilibrium Effects of Inflation on Housing Consumption and Investment[J]. American Economic Review 79(2): 277-83.

Breeden, D. T., 1979. An Intertemporal Asset Pricing Model with Stochastic Consumption and Investment Opportunities [J]. Journal of Financial Economics 7: 265-296.

Campbell, J. Y., and J. F. Cocco, 2007. How Do House Prices Affect Consumption? Evidence From Micro Data[J]. Journal of Monetary Economics, 54: 591-621.

Campbell, S. D., M. A. Davis, J. Gallin, and R. F. Martin, 2010. What Moves Housing Markets? A Variance Decomposition of the Rent-Price Ratio[J]. Journal of Urban Economics, 8: 399-426.

Campbell, J. Y., 1986. Bond and Stock Returns in a Simple Exchange Model[J]. Quarterly Journal of Economics 101: 785-804.

参考文献

Campbell, J. Y., 2001. Consumption-based asset pricing[M]. in the Handbook of the Economics of Finance, George Constantinides, Milton Harris, and Rene Stulz eds., North-Holland, Amsterdam.

Campbell, J. Y. and John H. Cochrane, 1999. By force of habit: A consumption-based explanation of aggregate stock market behavior[J]. Journal of Political Economy, 107: 205-51.

Cochrane, John H., 1991. Production-based asset pricing and the link between stock returns and economic fluctuations[J]. Journal of Finance, 46: 209-37.

Cochrane, John H., 1996. A cross-sectional test of an investment-based asset pricing model[J]. Journal of Political Economy, 104: 572-621.

Cochrane, John H., 1997. Where is the market going? Uncertain facts and novel theories [J]. Economic Perspectives, Federal Reserve of Chicago, 21: 3-37.

Cochrane, J. H., 2005. Asset Pricing[M]. Princeton, NJ: Princeton University Press.

Corbae, D., and E. Quintin, 2009. Mortgage Innovation and the Foreclosure Boom. Working paper, University of Texas at Austin.

Case, K. E., J. M. Quigley and R. J. Shiller, 2003. Comparing Wealth Effects: The Stock Market versus the Housing Market. Working Paper, Fisher Center for Real Estate and Urban Economics, Haas School of Business, University of California, Berkeley, CA.

Case, Karl E. and Robert J. Shiller, 1989. The efficiency of the market for singlefamily homes [J]. American Economic Review 79: 125-37.

Crowder, W. J. and D. L. Hoffman, 1996. The Long-Run Relationship Between Nominal Interest Rates and Inflation: The Fisher Equation Revisited [J]. Journal of Money, Credit and Banking 28(1): 102-118.

Caplin, Andrew, Sewin Chan, Charles Freeman, and Joseph Tracy, 1997. Housing Partnerships [M]. Massachusetts: MIT Press.

Cocco, Joao, 2000. Hedging house price risk with incomplete markets. Working paper, London Business School.

Davis, M., and F. Ortalo-Magne, 2010. Household Expenditures, Wages, Rents [J]. Review of Economic Dynamics, 7: 136-149.

Davis, M. A., and J. Heathcote, 2005. Housing and the Business Cycle [J]. International Economic Review, 46(3), 751-784.

Diamond, D. W., 1989. Reputation Acquisition in Debt Markets [J]. Journal of Political Economy, 97: 828-862.

DeMarzo, Peter, Ron Kaniel and Ilan Kremer, 2003. Diversification as public good: Community effects in portfolio choice

[J]. Journal of Finance, 4: 251-270.

Dunn, K. and Kenneth Singleton, 1986. Modeling the term structure of interest rates under non-separable utility and durability of goods[J]. Journal of Financial Economics, 17: 27-55.

Eichenbaum, Martin and Lars Peter Hansen, 1990. Estimating models with intertemporal substitution using aggregate time series data[J]. Journal of Business and Economic Statistics, 8: 53-69.

Eichenbaum, Martin, Lars Peter Hansen and Kenneth Singleton, 1988. A time series analysis of representative agent models of consumption and leisure choice under uncertainty [J]. Quarterly Journal of Economics, 103: 51-78.

Ebrahim, M. S., and I. Mathur, 2000. Optimal Entrepreneurial Financial Contracting [J]. Journal of Business Finance and Accounting, 27 (9/10): 1349-1374.

Finnerty, J. D., 1988. Financial Engineering in Corporate Finance: An Overview [J]. Financial Management (Winter): 14-33.

Fisher, I., 1930. The Theory of Interest, Macmillan, New York.

Fu, Y., 1995. Uncertainty, Liquidity, and Housing Choices [J]. Regional Science and Urban Economics, 25: 223-236.

Favilukis, J., 2008. Wealth Inequality, Stock Market Participation, and the Equity Premium[J]. London School of Economics, 6: 342-359.

Favilukis, J. , 2010. The Macroeconomic effects of housing wealth, housing finance, and limited risk - sharing in general equilibrium[J]. National Bureau of EconomicResearch, 5.

Fama, Eugene F. and Kenneth R. French, 1997. Size and book-to-market factors in earnings and returns[J]. Journal of Finance 50: 131-155.

Flavin, Marjorie, 2002. Owner-occupied housing in the presence of adjustment costs: Implications for asset pricing and nondurable consumption. Working Paper, UC San Diego.

Glaeser, E. L. , J. Gyourko, and R. Saks, 2005. Why Have Housing Prices Gone Up? [J]. American Economic Review Papers and Proceedings, 95(2): 329-333.

Gomes, F. , and A. Michaelides, 2008. Asset Pricing with Limited Risk Sharing and Heterogeneous Agents[J]. Review of Financial Studies, 21(1): 415-448.

Green, R. K. , and S. M. Wachter, 2008. The Housing Finance Revolution in Housing, Housing Finance, and Monetary Policy[C]. Proceedings of the Federal Reserve Bank of Kansas City's Symposium, held at Jackson Hole, Wyoming, August 30-Sept 1: 21-67. Federal Reserve Bank of Kansas City.

Green, R. K. , 1997. Follow the leader: how changes in residential and non - residential investment predict changes in GDP?

[J]. Real Estate ECON, 1997(25): 253-270.

Goodman, J. L., 1995. Interest Rates and Housing Demand, 1993-1995: Common Sense versus Econometrics[C]. Paper presented at the Mid-year AREUEA Meeting of 1995.

Grossman S. J., and G. Laroque, 1990. Asset Pricing and Portfolio Choice in the Presence of Illiquid Durable Consumption Goods[J]. Econometrica 58(1): 25-51.

Guozhong Zhu, J. Yang and J. Kolari, 2005. EuropeanPublic Real Estate Market Integration [J]. Applied Financial Economics, 15: 895-905.

Gyourko, J. and J. Tracy, 1999. A Look at Real Housing Prices and Incomes: Some Implications for Housing Affordability and Quality[J]. FRBNY Economic Policy Review (September issue): 63-77.

Harris, J. C., 1989. The Effect of Real Rates of Interest on Housing Prices[J]. Journal of Real Estate Finance and Economics 2: 47-60.

Hirshleifer, D. and A. V. Thakor, 1992. Managerial Conservatism, Project Choice and Debt[J]. Review of Financial Studies 5(3): 437-470.

Heathcote, Jonathan and Morris Davis, 2001. Housing and the business cycle. Workingpaper, Georgetown University.

Heathcote, J., F. Perri, and G. L. Violante, 2009. Unequal

We Stand: An Empirical Analysis of Economic Inequality in the United States: 1967-2006. Working paper, New York University.

Heaton, John, 1993. The interaction between time-nonseparable preferences and time aggregation [J]. Econometrica 61: 353-85.

Heaton, John, 1995. An empirical investigation of asset pricing with temporally dependent preference specifications [J]. Econometrica 63: 681-718.

Heaton, J., and D. Lucas, 1996. Evaluating the Effects of Incomplete Markets on Risk Sharing and Asset Pricing[J]. Journal of Political Economy, 104(3): 443-87.

Hanushek, Eric A. and John M. Quigley, 1980. What is the price elasticity of housing demand? [J]. Review of Economics and Statistics 62(3): 449-54.

Iacoviello, Matteo, and Marina Pavan, 2013. Housing and Debt over the Life Cycle and over the Business Cycle[J]. Journal of Monetary Economics, March.

Iacoviello, Matteo, 2011. Housing Wealth and Consumption [J]. International Encyclopedia of Housing and Home, Elsevier.

Iacoviello, Matteo, and Stefano Neri, 2010. Housing Market Spillovers: Evidence from an Estimated DSGE Model[J]. American Economic Journal: Macroeconomics, 2 (April): 125-164.

Iacoviello, Matteo, 2008. Household Debt and Income Inequality, 1963-2003[J]. Journal of Money, Credit and Banking, Vol. 40, No. 5 (August): 929-965

Iacoviello, Matteo, 2005. House Prices, Borrowing Constraints and Monetary Policy in the Business Cycle[J]. American Economic Review, Vol. 95, No. 3 (June): 739-764.

Kau, J. B. , and D. Keenan, 1980. The Theory of Housing and Interest Rates[J]. Journal of Financial and Quantitative Analysis 15(4): 833-850.

Kearl, J. R. , 1979. Inflation, Mortgages, and Housing [J]. Journal of Political Economy 87: 1115-1138.

Kenny, G. , 1991. Modelling the Demand and Supply Sides of the Housing Market: Evidence from Irelan [J]. Economic Modelling 16: 389-409.

Kocherlakota, N. R. , 1996. The Equity Premium: It's Still a Puzzle[J]. Journal of Economic Literature 34: 42-71.

Kahn, J. A. , 2008. What Drives Housing Prices? [J]. Federal Reserve Bank of New York Staff Reports: 1-42.

Kiyotaki, N. , Michaelides, K. Nikolov, 2011. Winners and Losers in Housing Markets[J]. Journal of Money, Credit and Banking, 2011(43): 255-96.

Kohn, D. L. , 2002. Panel: Implications of Declining Treasury Debt. What Should the Federal Reserve Do as Treasury Debt Is Repaid? [J]. Journal of Money, Credit and Banking, 34 (3):

941-945.

Krusell, P. , and A. A. Smith, 1997. Income and Wealth Heterogeneity, Portfolio Choice, and Equilibrium Asset Returns [J]. Macroeconomic Dynamics, 1(2): 387-422.

Krusell, P. , and A. A. Smith, 1998. Income and Wealth Heterogeneity in the Macroeconomy [J]. Journal of Political Economy, 106(5): 867-896.

Kydland, F. , and E. C. Prescott, 1982. Time to Build and Aggregate Fluctuations[J]. Econometrica, 50: 343-360.

Kyung-Hwan Kim, 2004. Housing and the Korean Economy [J]. Journal of Housing Economics, 9: 321-341.

Lettau, M. , and S. C. Ludvigson, 2010. Measuring and Modeling Variation in the Risk-Return Tradeoff[M]. in Handbook of Financial Econometrics, ed. by Y. Ait-Sahalia, and L. P. Hansen, vol. 1: 617-690. Amsterdam : Elsevier Science B. V. .

Lucas, D. J. , 1994. Asset Pricing with Undiversifiable Income Risk and Short Sales Constraints: Deepening the Equity Premium Puzzle[J]. Journal of Monetary Economics, 34(3): 325-341.

Lustig, H. , 2001. The Market Price of Aggregate Risk and the Wealth Distribution, Working paper, Chicago University.

Lustig, H. , and S. Van Nieuwerburgh, 2005. Housing Collateral, Consumption Insurance and Risk Premia: an Empirical

Perspective[J]. Journal of Finance, 60(3): 1167-1219.

Lustig, H., and S. Van Nieuwerburgh, 2007. Can Housing Collateral Explain Long-Run Swings in Asset Returns. Unpublished paper, New York University.

Lustig, H., and S. Van Nieuwerburgh, 2010. How Much Does Household CollateralConstrain Regional Risk Sharing? [J]. Review of Economic Dynamics, 13(2): 265-294.

Luttmer, E. G. J., 1999. What Level of Fixed Costs Can Reconcile Consumption and Stock Returns? [J]. Journal of Political Economy, 107(5): 969-997.

Lettau, Martin, and Sydney Ludvigson, 2001. Consumption, aggregate wealth and expected stock returns[J]. Journal of Finance 56: 815-49.

Lettau, Martin, and Sydney Ludvigson, 2001. Resurrecting the (C)CAPM: A cross-sectional test when risk premia are time-varying[J]. Journal of Political Economy 109: 1238—1287.

Mayo, Stephen, 1981. Theory and estimation in the economics of housing demand[J]. Journal of Urban Economics 10: 95-116.

Mehra, Rajnish and Edward Prescott, 1985. The equity premium puzzle[J]. Journal of Monetary Economics 15: 145-61.

McCarthy, J., and C. Steindel, 2007. Housing Activity and Consumer Spending[J]. Business Economics: 6-21.

Mian, A., and A. Sufi, 2009. The Consequences of Mortgage Expansion: Evidence from the U. S. Mortgage Default Crisis [J]. Quarterly Journal of Economics: 145-159.

Mian, A., and A. Sufi, 2009. House Prices, Home Equity-Based Borrowing, and the U. S. Household Leverage Crisis[J]. Unpublished paper, University of Chicago Booth School.

Mehra, R. and E. C. Prescott, 1985. The Equity Premium: A Puzzle[J]. Journal of Monetary Economics 15: 145-61.

Miller, M. H., 1997. Debt and Taxes[J]. Journal of Finance 32: 261-275.

Mills, E. S., 1990. Housing Tenure Choice[J]. Journal of Real Estate Finance and Economics 3: 323-331.

Modigliani, F. and M. H. Miller, 1985. The Cost of Capital, Corporation Finance, and the Theory of Investment[J]. American Economic Review 48: 261-297.

Muth, R. F., 1986. The Supply of Mortgage Lending[J]. Journal of Urban Economics 19: 88-106.

Myers, S., 1977. Determinants of Corporate Borrowing[J]. Journal of Financial Economics 5: 147-175.

Ortalo-Magne, F., and S. Rady, 1999. Boom in, bust out: Young households and the house price cycle[J]. European Economic Review 43: 755-66.

Ortalo-Magne, F., and S. Rady, 2006. Housing Market Dynamics: On the Contribution of Income Shocks and Credit Constraints[J]. Review of Economic Studies, 74: 459-485.

Ogaki, Masao and Carmen M. Reinhart, 1998. Measuring intertemporal substitution: The role of durable goods[J]. Journal of Political Economy 106: 1078-98.

Parker, Jonathan and Christian Julliard, 2003. Consumption risk and crosssectional returns, Working paper, Princeton.

Prescott, Edward, 1997. On defining real consumption[J]. Review of Federal Reserve Bank of Minneapolis, May/June: 47-53.

Peristiani, S., P. Bennett, G. Monsen, R. Peach, and J. Raiff, 1997. Credit, Equity, and Mortgage Refinancings[J]. FRBNY Economic Policy Review: 83-99.

Piazzesi, M., M. Schneider, and S. Tuzel, 2007. Housing, Consumption, and Asset Pricing[J]. Journal of Financial Economics, 83: 531-569.

Painter, G., and C. L. Redfern, 2002. The Role of Interest Rates in Influencing Long Run Homeownership Rates[J]. Journal of Real Estate Finance and Economics, 25(2/3): 243-267.

Pozdena, R. J., 1990. Do Interest Rates Still Affect Housing? [J]. Federal Reserve Bank of San Francisco Economic Review 0 (3): 3-14.

Runkle, David E., 1991. Liquidity constraints and the permanent - income hypothesis: Evidence from Panel data [J]. Journal of Monetary Economics (27): 73-98.

Santos, Tano and Pietro Veronesi, 2001. Labor Income and Asset Returns, Working paper, Chicago GSB.

Sinai, T., and N. S. SouleleS, 2005. Owner-Occupied Housing as a Hedge Against Rent Risk[J]. Quarterly Journal of Economics, 120(2): 763-789.

Stokey, N. L., 2009. Moving Costs, Nondurable Consumption and Portfolio Choice[J]. Journal of Economic Theory, 134(2): 112-136.

Storesletten, K., C. I. Telmer, and A. Yaron, 2004. Cyclical Dynamics in Idiosyncratic Labor-Market Ris[J]. Journal of Political Economy, 112(3): 695-717.

Storesletten, K., C. I. Telmer, and A. Yaron., 2007. Asset pricing with idiosyncratic riskand overlapping generations[J]. Review of Economic Dynamics, 10(4): 519-548.

Sargent, T. J., 1987. Dynamic Macroeconomic Theory[M]. Cambridge: Harvard University Press.

Schwab, R. M., 1982. Inflation Expectations and the Demand for Housing[J]. American Economic Review 72(1): 143-153.

Schwab, R. M., 1983, Real and Nominal Interest Rates and the Demand for Housing[J]. Journal of Urban Economics 13: 181-195.

Sharpe, W. F., 1964. Capital Asset Prices: A Theory of Market Equilibrium under Conditions of Risk [J]. Journal of Finance 19: 425-442.

Summers, L. H., 1981. Inflation, the Stock Market, and Owner-Occupied Housing [J]. American Economic Review 71 (2): 429-434.

Throop, A. W., 1986. Financial Deregulation, Interest Rates, and the Housing Cycle [J]. Federal Reserve Bank of San Francisco Economic Review: 63-78.

Titman, S., 1982. The Effects of Anticipated Inflation on Housing Market Equilibrium [J]. Journal of Finance 27 (3): 827-842.

Tuzel, S., 2009. Corporate Real Estate Holdings and the Cross Section of Stock Returns, Unpublished paper, Marshall School, University of Southern California.

Van Order, R., and A. Dougherty, 1991. Housing Demand and Interest Rates [J]. Journal of Urban Economics 29 (2): 191-201.

Varian, H. R., 1987. The Arbitrage Principle in Financial Economic [J]. Journal of Economic Perspectives 1 (2): 55-72.

Vissing-Jorgensen, A., 2002. Towards and Explanation of Household Portfolio Choice Heterogeneity: Nonfinancial Income and Participation Cost Structures. Unpublished manuscript, Northwestern University, Kellog School of Management.

Weil, Pierre, 1989. The equity premium puzzle and the riskfree rate puzzle[J]. Journal of Monetary Economics 24: 401-21.

Youngblood, M. D., 2003. Is there a bubble in housing? New evidence from 210 housing markets. GMAC RFC Securities, Residential Funding Securities Corporation.

Zhou, C., 1999. Informational Asymmetry And Market Imperfections: Another Solution To The Equity Premium Puzzle[J]. Journal of Financial and Quantitative Analysis 34(4): 445-464.

Zumpano, L. V., P. M. Rudolph, and D. C. Cheng, 1986. The Demand and Supply of Mortgage Funds and Mortgage Loan Terms [J]. Journal of American Real Estate and Urban Economic Association 14: 91-109.